Samenkorn

Lothar Gassmann

Die himmlische Herrlichkeit

und die Vollendung der Gläubigen

Bibel aktuell

Reihe Offenbarung Band 7

Samenkorn

Hinweis:

Die Auslegung der Offenbarung wurde vom Verfasser zunächst frei nach Stichworten im Verlauf mehrerer Bibelwochen vorgetragen, sodann von verschiedenen Geschwistern vom Band getippt und abschließend vom Verfasser bearbeitet und korrigiert. Der Redestil wurde beibehalten.

1. Auflage 2010

Christlicher Schriften- und Liederverlag
Liebigstr. 8, 33803 Steinhagen, Germany

Umschlag Foto:	Lothar Gassmann (Insel Patmos)
Umschlag Gestaltung:	Werner Fürstberger
Zeichnungen:	Irina Schulz
Satz:	Samenkorn e.V.
Druck und Bindung:	C.H.Beck, Nördlingen

ISBN: 978-3-936894-85-1

Inhalt

Der neue Himmel und die neue Erde

Offenbarung 21

Und ich sah einen neuen Himmel und eine neue Erde. Denn der erste Himmel und die erste Erde vergingen und das Meer ist nicht mehr. Und ich sah die heilige Stadt, das neue Jerusalem, von Gott aus dem Himmel herabfahren, bereitet wie eine geschmückte Braut ihrem Mann. Und ich hörte eine große Stimme von dem Thron, die sprach: Siehe da, die Hütte Gottes bei den Menschen! Und Er wird bei ihnen wohnen, und sie werden Sein Volk sein, und Er Selbst, Gott, wird mit ihnen sein. Und Gott wird abwischen alle Tränen von ihren Augen, und der Tod wird nicht mehr sein, noch Leid noch Geschrei noch Schmerz wird mehr sein. Denn das Erste ist vergangen. Und Der auf dem Thron saß, sprach: Siehe, Ich mache alles neu. Und er spricht: Schreibe, denn diese Worte sind wahrhaftig und gewiss.

Gott erschafft alles neu

Hier ist von einem neuen Himmel und einer neuen Erde die Rede. Das bedeutet: Die jetzige Schöpfung wird völlig abgebrochen werden. Es wird nicht an sie angeknüpft, sondern sie wird völlig neu geschaffen werden. **Siehe Ich mache alles neu!**, spricht der HERR.

Denn der erste Himmel und die erste Erde vergingen, und das Meer ist nicht mehr. Wenn wir an das Tier aus dem Meer (Offenbarung 13) denken, den Antichristen, so kann hier mit dem Wort „Meer" auch das Völkermeer gemeint sein, aus welchem die gottfeindlichen Mächte gekommen sind. Auch dieses wird es nicht mehr geben. Das Meer hat ja auch etwas Bedrohliches an sich, so kann man z. B. im Meer ertrinken. Nun aber sind Gottes Gerichte sowohl über die Welt wie auch über die gottfeindlichen Mächte vollzogen: Der Antichrist, der Teufel, der falsche Prophet, die Ungläubigen sind im Feuersee, in der Feuerhölle.

Schließlich erfolgt die Neuerschaffung des Kosmos: **Der neue Himmel und die neue Erde**, wobei das neue Jerusalem aus dem Himmel, von oben, kommt. Man kann hier am besten von einem neuen Gesamtkosmos sprechen. Die neue Erde ist eine neue und keine erneuerte Erde, und auch das himmlische Jerusalem ist eine völlig neu erschaffene himmlische Stadt, die sich aus dem Reich Gottes herabsenkt.

Dies ist der Unterschied zum Turmbau von Babel in 1. Mose 11: Da wollten die Menschen einen Turm bauen, der bis zum Himmel reicht, nämlich von unten nach oben. Dieses Streben von unten nach oben kennzeichnet das Wesen jeder Religion und ist das eigentliche Wesen der Sünde. Der christliche Glaube ist daher keine Religion, sondern Erleben der Gnade Gottes, die uns von oben her - von Gott - durch die geistliche Wiedergeburt erfasst (Johannes 3).

Ebenso wie das Gnadengeschenk von oben, so schickt Gott Sein neues Jerusalem von oben nach unten zu den Menschen. Dies ist das Wesen der Gnade, das Wesen Gottes: Nicht der Mensch erarbeitet sich das Reich Gottes, sondern Gott streckt Sich aus Liebe nach dem Menschen aus und sendet Sein neues Jerusalem.

Gott wohnt bei den Seinen

Ich sah die heilige Stadt, das neue Jerusalem, von Gott aus dem Himmel herabfahren, bereitet wie eine geschmückte

Braut ihrem Mann. Und ich hörte eine große Stimme von dem Thron, die sprach: Siehe da, die Hütte Gottes bei den Menschen!

Wenn wir das Wort „Hütte" hören, denken wir an die Stiftshütte im Alten Testament, die Gegenwart Gottes bei Seinem Volk! Nun ist Gottes Gegenwart ganz nah und direkt unter den Menschen! Gott wohnt nun direkt bei Seinem Volk in der Vollendung und Sein Volk darf in Seiner Gegenwart sein. **Und Er wird bei ihnen wohnen und sie werden Sein Volk sein und Er selbst Gott wird mit ihnen sein.**

Und was tut der Herr, der liebende Gott? **Er wird abwischen alle Tränen von ihren Augen und der Tod wird nicht mehr sein, noch Leid noch Geschrei noch Schmerz wird mehr sein, denn das erste ist vergangen.** Alle Schwachheit, alle Vergänglichkeit, die dieser Schöpfung angehaftet hat, wird hinweggenommen sein. Ein herrlicher Ausblick! **Ich mache alles neu**, spricht der Herr.

Gegen alle Selbsterlösungs-Versuche

Diese Offenbarung richtet sich auch gegen alle Ideologien der Weltverbesserung, die auf dieser vergänglichen Erde das Weltfriedensreich gründen wollen. Diese Idee entspringt dem Geist des Antichristen. So gibt es große Bestrebungen, schon heute und hier auf dieser Erde ein perfektes Friedensreich aufzubauen, was das Zusammenrücken der Menschheit zeigt. Dieses Einheitsreich wird auch eine Zeitlang halten, dann aber wird das Verderben über es kommen. Dieses Reich ist natürlich nicht das Reich Gottes, sondern dessen antichristliche Vorwegnahme. Dieses Geschehen zeichnet sich ab. Die Staaten rücken immer enger zusammen und werden eine Weltregierung einsetzen, eine Weltpolizei, einen Weltgerichtshof ... Es ist die antichristliche Nachäffung dessen, was Gott hier in der Offenbarung verheißen hat.

Aber es gilt: **Allein Gott der HERR** macht alles neu - und nicht die Menschen aus ihrer eigenen Kraft heraus. Selbstverständlich sollen wir uns als Christen auch für den Frieden einsetzen, aber nicht in der übersteigerten Erwartung, ein einheitliches Weltfriedensreich aus eigener menschlicher Kraft zu erschaffen - dies wäre nur der neue Turmbau zu Babel, und der wird schließlich scheitern: **Wenn sie sagen werden: Es ist Friede, es hat keine Gefahr, dann wird das Verderben schnell über sie kommen** (1. Thessalonischer 5,3).

Wer überwindet, wird erben

Und Er sprach zu mir: Es ist geschehen. Ich bin das A und das O, der Anfang und das Ende. Ich will dem Durstigen geben von dem Brunnen des lebendigen Wassers umsonst. Wer überwindet, der wird es alles ererben und Ich werde sein Gott sein und er wird Mein Sohn sein.

A und O - das sind der Anfangs- und der Endbuchstabe des griechischen Alphabets: Alpha und Omega. Anfang und Ende ist Gott und Jesus Christus, der Anfänger und Vollender des Glaubens und auch des Weltalls.

Das Wasser, das kostbare Lebenswasser, bekommt der Mensch, der es begehrt, umsonst, aus Gnade geschenkt. Es ist teuer erworben durch das Blut Jesu Christi, aber nur aus Gnaden erhältlich. Der Mensch kann dafür nichts geben, er kann es nur aus Gottes liebenden Händen empfangen. Wer überwindet, wird erben: Das heißt auch, wer sich nicht das Malzeichen des Tieres (666) aufprägen lässt, wer Jesus die Treue hält inmitten der Verfolgung und Bedrängnis durch den Antichristen und seine Vorläufer, besonders in der Zeit der großen Trübsal, aber auch während der ganzen Kirchengeschichte. Die Erben sind dann für immer Söhne bzw. Kinder Gottes.

Wer nicht im Himmel sein wird

Nun kommt eine Warnung in Vers 8: **Der feigen Verleugner aber und Ungläubigen und Frevler und Totschläger und Unzüchtigen und Zauberer und Götzendiener und aller Lügner, deren Teil wird sein in dem Pfuhl, der mit Feuer und Schwefel brennt; das ist der zweite Tod.**

Hier sind diejenigen geschildert, die nicht im Reich Gottes, im Himmel sein werden, sondern in der Feuerhölle. Und wer sind diese? **Die feigen Verleugner**, die sich nicht zu Jesus Christus bekannt haben. Der Herr sagt: **Wer nun Mich bekennt vor den Menschen, den will Ich auch bekennen vor Meinem himmlischen Vater. Wer Mich aber verleugnet vor den Menschen, den will auch Ich verleugnen vor Meinem himmlischen Vater** (Matthäus 10,32–33). Dies ist ein sehr hartes Wort, das uns vielleicht schockiert. Wir sollen aber nicht die Menschen fürchten, die nur den Leib töten können, sondern Gott in einer guten Weise fürchten, so dass wir uns ohne Menschenfurcht zu Ihm bekennen und Jesus Christus verkündigen.

Die Nachteile, die wir durch dieses Bekennen vielleicht in Kauf nehmen müssen, sind nichts im Vergleich zur ewigen Verdammnis. Die feigen Verleugner werden nicht im Himmel sein, sondern in der Hölle; ebenso die **Ungläubigen**, die Jesus Christus abgelehnt haben; die **Frevler**, die Ihn verspottet und gelästert haben; die Götzendienst getrieben haben; die **Mörder** - alle die solche Gräuelsünden begangen haben und nicht davon umgekehrt sind. Mit **Unzüchtige** sind die Betreiber jeder Art sexueller Unzucht gemeint: Ehebruch, Hurerei, sexuelle Perversionen und vieles andere.

Wenn der Mensch aber umkehrt - und dies ist das Wunderbare - dann gibt es für alle diese Sünden Vergebung. Niemand soll verzweifeln, der Böses getan hat und daher denkt, er dürfe nicht in den Himmel. Dafür ist ja der Herr Jesus Christus gestorben, damit wir unsere Schuld beim Ihm abgeben dürfen, denn Er hat sie für uns getragen und gesühnt. Dies ist keine billige Gnade, denn sie hat den Sohn Gottes das Leben gekostet. Wir sind erlöst durch das teure Blut Jesu Christi.

Zauberer, Okkultisten kommen auch nicht in den Himmel. Der Okkultismus nimmt ja überhand, und der Teufel, dem die Hölle bereitet ist, versucht noch viele Menschen mit sich ins Verderben zu reißen. Wer sich auf Okkultismus (Wahrsagerei, Pendeln, Horoskope, Tarock etc.) einlässt und verlässt, wird keinen Platz im Himmel haben (vgl. 5. Mose 18,9ff.).

Götzendiener sind die Anhänger heidnischer Religionen, auch solche, die sich selber vergotten, oder die irgendwelche

Gegenstände statt Gott verehren. Diese werden ebenfalls in der Hölle sein.

Lügner sind Menschen, die gewohnheitsmäßig ein Lügenleben führen. Wir sollten jede Lüge, die uns bewusst ist, unter das Blut Jesu bringen. Lüge ist vielleicht die häufigste Sünde von den genannten.

Der zweite Tod, der auf die Verdammten wartet, folgt dem ersten, dem irdischen Tod und ist die Verdammnis im Feuersee, die ewige Strafe.

Die Herrlichkeit der himmlischen Stadt

Wir kommen nun wieder auf das himmlische Jerusalem zurück und dessen Beschreibung:

Es kam zu mir einer von den sieben Engeln, welche die sieben Schalen hatten, voll der letzen sieben Plagen, und redete mit mir und sprach: Komm, ich will dir das Weib zeigen, die Braut des Lammes. Und er führte mich hin im Geist auf einen großen und hohen Berg und zeigte mir die heilige Stadt Jerusalem hernieder fahren aus dem Himmel von Gott.

Die Beschreibung, die nun folgt, müssen wir eventuell symbolisch verstehen. Sie ist angelehnt an die Bilder irdischer Edelsteine und Mauern, und stellt wiederum durch die Vollzahl 12 bzw. 12 x 12 = 144 ein Bild für Vollkommenheit dar. Eine wörtliche Bedeutung möchte ich aber nicht ausschließen:

Sie hatte die Herrlichkeit Gottes und ihr Licht war gleich dem alleredelsten Stein, einem Jaspis, klar wie Kristall. Und sie hatte eine hohe und große Mauer und hatte zwölf Tore und auf den Toren 12 Engel und Namen darauf geschrieben, nämlich der zwölf Geschlechter der Kinder Israel: von Morgen drei Tore, von Mitternacht drei Tore, von Mittag drei Tore, von abends drei Tore. – Dies sind die Tore, die Eingänge in die Stadt, die zwölf Stämme Israels, die Anfänge der Heilsgeschichte. **Das Heil kommt von den Juden** (Johannes 4,22). Jesus Christus war nach Seiner leiblichen Abstammung (Maria) ein Jude. In der Geschichte Israels wurde Sein Kommen vorbereitet. Er als der Sohn Gottes verkörpert und bringt das Heil.

Und die Mauer der Stadt hatte zwölf Grundsteine und auf ihnen die zwölf Namen der zwölf Apostel des Lammes. So stehen die Tore für den alten Bund und die Grundsteine für den neuen Bund. Jesus Christus ist der Eckstein, der gelegt ist. Die Grundsteine, die zwölf Apostel, sind die, welche die Botschaft, das Evangelium von Jesus Christus in die ganze Welt hinausgetragen haben. Die Tore und die Grundsteine ergeben zusammen wieder 24, in Anlehnung an die 24 Ältesten, von denen wir bereits gehört haben.

Die Maße und die Reinheit der Stadt

Und der mit mir redete, hatte einen Mess-Stab, ein goldenes Rohr, dass er die Stadt messen sollte und ihre Tore und Mauer. Und die Stadt liegt viereckig und ihre Länge ist so groß wie die Breite (also ein Quadrat) **und er maß die Stadt mit dem Rohr auf 12.000 Feld Wegs** (1.200 Stadien = 2.200 Km; größer als die Entfernung von Berlin nach Moskau; wahrscheinlich hier eher eine symbolische Zahl der göttlichen Vollkommenheit: 12 x 1.000). **Die Länge und die Breite und die Höhe der Stadt sind gleich** (Die Stadt ist also ein Würfel und wird in Grafiken z. B. in Heilszeitkarten auch immer so dargestellt. Wieder ein Bild für Vollkommenheit). **Und er maß ihre Mauer 144 Ellen nach Menschenmaß, das der Engel gebrauchte.** Nach modernen Maßen 70 Meter Dicke - eine vollkommene Mauer, durch die nichts Unreines in die Stadt hineinkommen kann.

Nun aber wird die Herrlichkeit dieser Mauer beschrieben: **Ihre Mauer war aus Jaspis und die Stadt aus reinem Golde gleich dem reinen Glase.** Also nicht Gold, das undurchsichtig ist, sondern Gold, das rein ist wie Glas, vollkommen rein. **Und die Grundsteine der Mauer um die Stadt waren geschmückt mit allerlei Edelgestein. Der erste Grundstein war ein Jaspis, der zweite ein Saphir, der dritte ein Chalzedon, der vierte ein Smaragd, der fünfte ein Sardonyx, der sechste ein Sarder, der siebente ein Chrysolith, der achte ein Beryll, der neunte ein Topas, der zehnte ein Chrysopras, der elfte ein**

Hyazinth, der zwölfte ein Amethyst. Diese Edelsteine sind eine Wiederholung des Priesterschmucks aus dem Alten Testament. Sie sind Symbole für die Reinheit der Priester, der Apostel, die Priester und Könige des Höchsten sind. **Und die zwölf Tore waren zwölf Perlen** (so herrlich wie eine Perle) **und ein jegliches Tor war von einer einzigen Perle und die Gassen der Stadt waren lauteres Gold wie durchscheinendes Glas**.

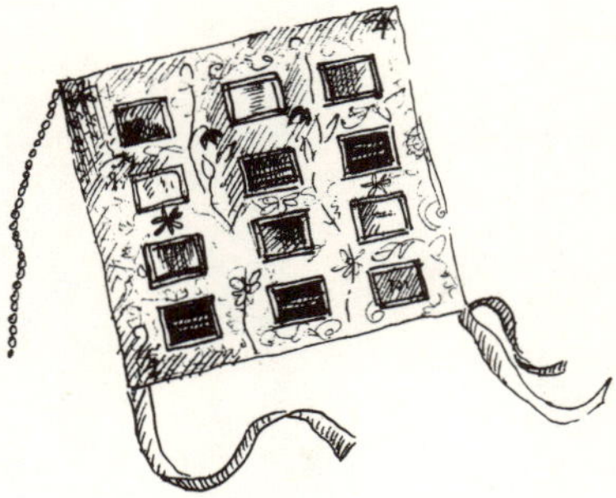

Gott ist der Tempel und das Licht der himmlischen Stadt

Nun kommt ein neuer Abschnitt, ein neuer Aspekt: Jeder jüdische Zuhörer wird sich fragen, wie es sich in dieser Stadt mit dem Tempel verhält, wo wohl das Allerheiligste, der Tempel ist. Wir lesen: **Und ich sah keinen Tempel darin, denn der Herr, der allmächtige Gott, ist ihr Tempel und das Lamm.** In dieser vollkommenen Stadt herrscht die vollkommene Gottesgemeinschaft zwischen Gott und den erlösten Menschen, zwischen Gott und Seiner Gemeinde. Hier sind kein Tempel und kein Opfer mehr nötig. In Hebräer 9 steht, dass Jesus Christus **ein für allemal** das vollkommene Opfer für die Sünde der Welt dargebracht hat, nämlich: Sich Selbst am Kreuz von Golgatha.

Und die Stadt bedarf keiner Sonne noch des Mondes, dass sie ihr scheinen; denn die Herrlichkeit Gottes erleuchtet sie, und ihre Leuchte ist das Lamm. Die kosmischen Lichtquellen des Weltalls Sonne und Mond sind nun auch überflüssig. In 1. Johannes 1 wird ausgeführt, dass Gott Licht ist, und dieses wunderbare Licht scheint den Erlösten.

Und die Völker werden wandeln in ihrem Licht. Also nicht nur Israel, sondern die Geretteten aus allen Nationen werden

in die Stadt hinzukommen. Die Tore sind die zwölf Stämme Israels, die Grundsteine die Apostel, und die Völker werden nun hinzukommen, da Jesus Christus den Zugang ermöglicht. Er sendet Seine Jünger zu allen Völkern (Matthäus 28,18–20).

Und die Könige auf Erden werden ihre Herrlichkeit in sie bringen. Und ihre Tore werden nicht verschlossen des Tags, denn da wird keine Nacht sein. Und man wird die Pracht und die Herrlichkeit der Völker in sie bringen. Und es wird nicht hineingehen irgendein Unreines und nicht, der da Gräuel tut und Lüge, sondern allein diejenigen, die geschrieben sind im Lebensbuch des Lammes. Weder aus dem heidnischen Umfeld noch aus dem Judentum wird etwas Unreines in die Stadt hineingehen dürfen, sondern nur wer durch das Blut Jesu gereinigt ist und im Lebensbuch des Lammes steht - die Kinder Gottes. Auch wird es keinen Unterschied mehr zwischen Juden und Heiden geben; man denke an Epheser 2 - der Zaun ist abgebrochen, die Feindschaft ist beendet. Christen aus Juden und Heiden werden in alle Ewigkeit die eine Schar der Überwinder bilden.

Wir beten: *Oh Herr Jesus, reinige uns bitte durch Dein teures Blut, damit wir in diese herrliche Stadt gelangen können. Amen.*

Der Strom vom Wasser des Lebens
Offenbarung 22

Und er zeigte mir einen reinen Strom vom Wasser des Lebens, glänzend wie Kristall, der ausging vom Thron Gottes und des Lammes, in der Mitte zwischen ihrer Straße und dem Strom von dieser und von jener Seite aus war der Baum des Lebens, der zwölfmal Früchte trägt und jeden Monat seine Frucht gibt, jeweils eine; und die Blätter des Baumes dienen zur Heilung der Völker. Und es wird keinen Fluch mehr geben. Und der Thron Gottes und des Lammes wird in ihr sein, und Seine Knechte werden Ihm dienen; und sie werden Sein Angesicht sehen, und Sein Name wird auf ihren Stirnen sein. Und es wird dort keine Nacht mehr geben, denn sie bedürfen nicht eines Leuchters, noch des Lichtes der Sonne; denn Gott, der Herr erleuchtet sie, und sie werden herrschen von Ewigkeit zu Ewigkeit.

Und er sprach zu mir: „Diese Worte sind gewiss und wahrhaftig; und der HERR, der Gott der heiligen Propheten, hat Seinen Engel gesandt, um Seinen Knechten zu zeigen, was rasch geschehen muss. Siehe, Ich komme bald! Glückselig, wer die Worte der Weissagung dieses Buches bewahrt!"

Und ich, Johannes, bin es, der diese Dinge gesehen und gehört hat; und als ich es gehört und gesehen hatte, fiel ich nieder, um anzubeten vor den Füßen des Engels, der mir diese Dinge zeigte. Und er sprach zu mir: „Sieh dich vor, tu es nicht! Denn ich bin dein Mitknecht und der deiner Brüder, der Propheten, und derer, welche die Worte dieses Buches bewahren. Bete Gott an!"

Und er sprach zu mir: „Versiegle die Worte der Weissagung dieses Buches nicht; denn die Zeit ist nahe."

Wer Unrecht tut, der tue weiter Unrecht, und wer unrein ist, der verunreinige sich weiter, und der Gerechte übe weiter Gerechtigkeit, und der Heilige heilige sich weiter.

Und siehe, Ich komme bald und Mein Lohn mit Mir, um einem so zu vergelten, wie sein Werk sein wird. Ich bin das A und das O, der Anfang und das Ende, der Erste und der Letzte.

Glückselig sind, die Seine Gebote tun, damit sie Anrecht haben an dem Baum des Lebens und durch die Tore in die Stadt eingehen können. Draußen aber sind die Hunde und die Zauberer und die Unzüchtigen und die Mörder und die Götzendiener und jeder, der die Lüge liebt und tut.

Ich, Jesus, habe Meinen Engel gesandt, um euch diese Dinge für die Gemeinden zu bezeugen. Ich bin die Wurzel und der Spross Davids, der leuchtende Morgenstern.

Und der Geist und die Braut sprechen: „Komm!" Und wer es hört, der spreche: „Komm!" Und wen da dürstet, der komme; und wer da will, der nehme das Wasser des Lebens umsonst.

Fürwahr, Ich bezeuge jedem, der die Worte der Weissagung dieses Buches hört: Wenn jemand etwas zu diesen Dingen hinzufügt, so wird Gott ihm die Plagen zufügen, von denen in diesem Buch geschrieben steht; und wenn jemand etwas wegnimmt von den Worten des Buchs dieser Weissagung, so wird Gott wegnehmen seinen Teil vom Buch (oder auch: Baum) des Lebens und von der heiligen Stadt und von den Dingen, die in diesem Buche geschrieben stehen.

Es spricht, der dies bezeugt: Ja, Ich komme bald! Amen, ja komm, Herr Jesus!

Und die Gnade unseres HERRN Jesus Christus sei mit euch allen! Amen."

Abschluss und Krönung der Heiligen Schrift

Hier findet sich die Krönung der gesamten Heiligen Schrift und auch ihr Abschluss, denn wir sehen, dass dies das letzte Buch der Bibel ist und dass zu diesem Buch nichts mehr hinzugetan werden darf. Dies schließt alle Neuoffenbarungen, alle von Menschen gemachten Ergänzungen und Inspirationen aus, die über dieses abgeschlossene Wort Gottes hinausgehen. Und genauso darf nichts hinweggetan werden, sonst wird der Anteil vom Buch des Lebens (oder wie andere Übersetzungen sagen: vom Baum des Lebens) hinweggenommen werden.

In Offenbarung 21 geht die wunderbare Schau voraus, die der Apostel Johannes vom neuen Himmel und der neuen Erde erhalten hat. Denn der erste Himmel und die erste Erde sind vergangen, und das Meer gibt es nicht mehr. Das Meer, die bedrohliche Chaosmacht, ist hinweggetan; das Meer, das auch immer in Verbindung steht mit den aufrührerischen Mächten. Das erste Tier, der Antichrist, ist ja aus dem Meer aufgestiegen (Offb. 13). Dieses Meer wird nicht mehr sein, aber es existiert ein neuer Himmel und eine neue Erde. Es entsteht ein neuer Kosmos, den

Gott bereithält und herab sendet als das himmlische Jerusalem, das wie eine geschmückte Braut zubereitet ist für ihren Mann. Dieses Bild der Braut wird für das neue Jerusalem gebraucht, andererseits aber auch für die Gemeinde. Wir sehen hier die Einigung, wie die Gemeinde in das neue Jerusalem einzieht. Dieses neue Jerusalem ist die Brautstadt, in der die Hochzeit des Lammes endgültig in Ewigkeit weitergeht - die Hochzeit, die bereits im Tausendjährigen Reich begonnen hat.

Die Heilung der Völker

Es wird übrigens viel falsch verstanden in der Offenbarung, weil die prophetischen Voraussagen nicht richtig eingeordnet werden. Ich habe selbst auch lange um das Verständnis gerungen und gebetet und tue dies auch weiterhin. Ich würde niemals von mir behaupten, dass ich als kleiner Erdenmensch alles in Gottes Wort verstehen könnte. Kein Mensch kann die Tiefen Gottes ausloten.

So wurde ich gefragt, was es bedeuten könnte, dass in dieser Beschreibung der himmlischen Wirklichkeit ein Baum vorkommt, dessen Blätter zur Heilung der Völker dienen, und ob ein solcher Baum nicht eher in das Tausendjährige Reich gehört. Die Erklärung zu dieser schwierigen Frage fand ich in Hesekiel 47. Gemäß dieser alttestamentlichen Stelle bezieht sich dieser Baum in der Tat zunächst auf das Tausendjährige Reich. Aber dann, in der höheren Stufe der absoluten Vollendung, bezieht er sich auch auf den neuen Himmel und die neue Erde. Zunächst betrifft er Heilung der Völker im Tausendjährigen Reich, aber dann auch das Geheiltsein der Völker in Ewigkeit.

Das „Geheiltsein der Völker" könnte - neben der physischen Heilung - auch ein symbolischer Hinweis sein, dass nur die Geretteten aus den Nationen, die gläubig und wiedergeboren sind durch den Geist Gottes, in der ewigen Herrlichkeit sein werden. Dagegen befinden sich im Tausendjährigen Reich, in der Vorstufe zur himmlischen Herrschaft Gottes, auch noch Unbekehrte, etwa die Kinder derer, die in das Reich gelangt sind und die sich nicht bekehrt haben, sowie solche, die die

Schlacht von Harmagedon überlebt haben. Im Tausendjährigen Reich werden die Menschen und Völker insofern nichts Böses tun, weil der Satan sie nicht anficht; aber die Sünde wird noch in ihren Herzen wohnen. Doch in der Ewigkeit, im himmlischen Jerusalem, werden nur die Geretteten aus den Nationen sein, zusammen mit dem geretteten und vollendeten Israel, das nach Epheser 2 eine Einheit bilden wird mit den Geretteten aus den Nationen.

Tausendjähriges Reich und himmlisches Jerusalem

Offenbarung 22,1: **Und er zeigte mir einen reinen Strom vom Wasser des Lebens, glänzend wie Kristall, der ausging vom Thron Gottes und des Lammes.**

Dieser Strom wird ausführlicher beschrieben beim Propheten Hesekiel in Kapitel 47. Die Beschreibungen, die in Offenbarung 22 auftreten, knüpfen ganz offensichtlich an die Prophetie Hesekiels an, und zwar in Kapitel 47,1-12.

Hesekiel 47,1: **Und er führte mich zum Eingang des Hauses zurück, und siehe, da floss unter der Schwelle des Hauses Wasser heraus, nach Osten hin; denn die Vorderseite des Hauses lag gegen Osten. Und das Wasser floss hinab, unterhalb der südlichen Seite des Hauses, südlich vom Altar.**

Bei Hesekiel wird der Tempel beschrieben, der wohl zur Zeit der zwei Zeugen (Offb. 11), spätestens jedoch im Tausendjährigen Reich gebaut wird. Im himmlischen Jerusalem dagegen wird es keinen Tempel geben. Diese Aussage findet sich klar in Offenbarung 21,22: **Und einen Tempel sah ich nicht in ihr** (in dieser himmlischen Stadt); **denn der HERR, Gott, der Allmächtige ist ihr Tempel, und das Lamm.**

Es existiert im himmlischen Jerusalem also kein Tempel mit den Maßen von Hesekiel 40ff., sondern dort ist Gott selbst der vollkommene Tempel in Seiner Gestalt. Diese Zusammenhänge werden deshalb so schwer verstanden, weil in Hesekiel 47 der Tempel des Tausendjährigen Reiches und der Tempel der Vollendung im himmlischen Jerusalem einander durchdringen. Es tauchen hier mancherlei Begriffe auf, die sich auf den **irdischen** Tempel und den **irdischen** Strom beziehen, aber sie werden auch gebraucht für den Strom des Heiligen Geistes in der Vollendung des **himmlischen** Jerusalem. Wir dürfen dies nicht auseinander reißen, sondern das eine geht in das andere über! **Die „Vorvollendung" im Tausendjährigen Reich ist die Vorstufe zur Endvollendung im himmlischen Jerusalem.** Nur wenn wir diese zwei Stufen in der Auslegung bei Hesekiel erkennen, verstehen wir das prophetische Wort in diesem Zusammenhang richtig. Dies erklärt auch, warum uns bei der Beschreibung des himmlischen Lebensstroms manche irdischen Bilder bei Hesekiel begegnen.

Der Strom des Lebens und das Tote Meer

Wir lesen weiter in Hesekiel 47: **Und das Wasser floss hinab, unterhalb der südlichen Seite des Hauses, südlich vom Altar.**

Dann wird gesagt, dass das Wasser dem Propheten zunächst bis an die Knöchel reicht, später bis an die Knie, danach bis an die Lenden, und schließlich stellt er fest: Hesekiel 47,5: **... da war es ein Strom, den ich nicht durchschreiten konnte. Denn das Wasser war so tief, dass man darin schwimmen musste, ein Strom, der nicht zu durchschreiten war.**

Ferner finden wir die Aussagen, dass dieses Wasser fließt, dass am Ufer dieses Stromes Bäume stehen, die auch im himmlischen Jerusalem eine Rolle spielen. Darauf komme ich noch zurück. Und am Ende ergießt sich dieser Strom über die Arava ins Tote Meer. Im Himmel wird es kein Totes Meer mehr geben, aber im Tausendjährigen Reich. Im Millennium wird das Tote Meer geheilt werden, durchaus im wörtlich zu verstehenden Sinn. Der Strom mündet in das Tote Meer. Und wenn das Wasser des Stroms, wie es in Hesekiel Kapitel 47 heißt, ins Tote Meer geflossen ist, dann wird das Wasser des Toten Meeres gesund. Und alle lebendigen Wesen, alles, was sich da tummelt, wohin diese fließenden Wasser kommen, das wird leben. Es wird darin sehr viele Fische geben, weil dieses Wasser dorthin

gelangt. Und es wird alles gesund werden und leben, wohin dieser Strom fließt.

Das Tote Meer erinnert in der Prophetie zugleich an den Untergang von Sodom und Gomorra als Folge der Sünde. Wenn es in Hesekiel 47 heißt, dass das Tote Meer geheilt wird und dass wieder Fische darin leben, dann bedeutet dies im Blick auf die Ewigkeit, dass die Folgen der Sünde beseitigt werden, dass alles durch den Lebensstrom gesunden wird, der vom Himmel ausgeht. In der Ewigkeit ist die Sünde gebannt, für die Sodom und Gomorra und das Tote Meer Symbole sind. Es wird nichts mehr im Himmel sein, was unter dem Fluch oder dem Bann steht. Das werden wir gleich noch näher betrachten.

Wer wird ins himmlische Jerusalem gelangen?

Hesekiel 47,12: **Es werden allerlei Bäume wachsen, von denen man isst, deren Blätter nicht verwelken und deren Früchte nicht aufhören werden. Alle Monate werden sie neue Früchte bringen; denn ihr Wasser fließt aus dem**

Heiligtum. Ihre Früchte werden als Speise dienen und ihre Blätter als Heilmittel.

Hier finden wir genau das, was im himmlischen Jerusalem bildhaft erscheint. Bezüglich des Tausendjährigen Reichs verstehe ich es wörtlich, dass der lebendige Wasserstrom vom wieder errichteten Tempel ausfließt ins Tote Meer und dass das Tote Meer geheilt wird. Die Sünden von Sodom und Gomorra wurden schon in der heilsgeschichtlichen Vorausnahme hinweg getan. Dann aber in der Ewigkeit, in der Vollendung, bezeichnet dieser Lebensstrom den Heiligen Geist, der dafür steht, dass keine Sünde mehr sein wird. Dieser Lebensstrom durchströmt alle, die in das himmlische Jerusalem gelangen werden. Und die Heilung der Völker bedeutet, dass nichts Unreines dort sein wird, dass die Sünde weggetan ist. Das gilt für alle, die sich dort befinden werden (vgl. Offb. 7):

- Die 144.000 Vollendeten aus Israel (144.000 verstanden als symbolische Vollzahl: 12 x 12 x 1.000), auch bezeichnet als „ganz Israel", das nach Römer 11 gerettet wird; dies kann sich aber nur auf die Bekehrten aus Israel, die „wahren Israeliten" beziehen, denn in Sacharja 12 lesen wir: **„Sie werden auf Mich sehen, den sie durchbohrt haben"**.
- Die große Schar der Erretteten aus allen Nationen.

Alle diese werden ins himmlische Jerusalem gelangen. Die Einheit nach Epheser 2 wird sich verwirklichen. In Jesus Christus ist der Zaun abgebrochen worden zwischen denen aus den Nationen und denen, die aus Israel sind. Denn **Er ist unser Friede**. Und so wird die Schar aus Judenchristen - wenn jemand aus Israel stammt und sich zum HERRN Jesus Christus bekehrt hat - und Heidenchristen Ihn dort schauen von Angesicht zu Angesicht.

Also ist Hesekiel 47 die prophetische Voraussage über den Tempel und den Lebensstrom im Tausendjährigen Reich, aber auch die prophetische Voraussage für Gott selbst, der durch Seinen Heiligen Geist die Sünde im himmlischen Jerusalem weggetan hat, so dass nichts Unreines dort hineingelangen wird. Denn alles, was unrein ist und unrein bleiben will, wird in der ewigen Verdammnis, in der Gehenna, im Feuerpfuhl enden. Diejenigen sind **draußen**, außerhalb der himmlischen Stadt.

Warum ist der Wasserstrom der Heilige Geist?

Warum behaupte ich, dass dieser Wasserstrom der Heilige Geist ist? Das wird im Wort Gottes ganz deutlich. Die Bibel erklärt sich ja selbst. Wenn wir eine Stelle nicht verstehen, müssen wir nachschauen, ob dasselbe nicht an einer anderen Stelle entschlüsselt wird. Die Identifikation des Lebenswassers mit dem Heiligen Geist wird in Johannes 7,37-39 vorgenommen. Dort wird beschrieben, wie Jesus zum Laubhüttenfest nach Jerusalem hinaufgezogen ist, bei welchem man des Auszugs aus Ägypten und der Zeit in der Wüste gedacht und bei dem man Hütten (Sukkoth) gebaut hatte. Auf dem Höhepunkt dieses Festes wurde immer Wasser aus den Heilsbrunnen geschöpft. Und dann trat Jesus auf und verkündete denen, die in Jerusalem versammelt waren, und auch der gesamten Menschheit, Sein Wort. Denn es waren aus den Nationen auch viele hingepilgert, wie auch zu Pfingsten.

Johannes 7,37-39: **Aber am letzten, dem großen Tage des Festes, stand Jesus auf, rief und sprach: „Wenn jemand dürstet, der komme zu Mir und trinke! Wer an Mich glaubt (wie die Schrift gesagt hat), aus seinem Leib werden Ströme lebendigen Wassers fließen." Das sagte Er aber von dem Geist, den die empfangen sollten, welche an Ihn glaubten; denn der Heilige Geist war noch nicht da, weil Jesus noch nicht verherrlicht war.**

Der Heilige Geist kam erst nach der Auferstehung zu Pfingsten in der Fülle. Nun hatte Jesus vorausgesagt, dass wer an Ihn glaubt, mit dem Heiligen Geist erfüllt sein werde. **„Es werden Ströme lebendigen Wassers fließen."** Dieses Wasser ist ein Bild für den Heiligen Geist. Und das Wasser des Lebens, das in der Ewigkeit zur Heilung dient, ist der Heilige Geist, Gott selbst, der durch Seinen Geist wirkt und die Menschen in Seiner Lichtherrlichkeit bei Ihm versammelt.

Der Thron Gottes und des Lammes bilden eine völlige Einheit - der Vater und der Sohn, Gott Vater und Jesus Christus. Man kann nicht behaupten, Jesus gehöre auf die Seite der Geschöpfe, wie es manche Sekten tun. Man muss Ihn immer in der Einheit des Vaters sehen. Der Sohn wird mit dem Vater zusammen angebetet. Der Heilige Geist wird allerdings nicht angebetet, sondern Er führt uns zur Anbetung und vertritt uns mit unaussprechlichem Seufzen (Römer 8,26), damit wir den Vater und den Sohn anbeten können (obwohl der Heilige Geist natürlich auch göttlichen Wesens ist, wie der Vater und der Sohn). Aber ich habe noch keine Stelle in der Bibel gefunden, die besagt, dass man zum Heiligen Geist beten soll, während zum Sohn oftmals gebetet wird: **„Mein HERR und mein Gott!"**, sagte Thomas zu Jesus nach Seiner Auferstehung (Johannes 20,28). Stefanus sprach bei seiner Steinigung: **„HERR Jesus, nimm meinen Geist auf!"** (Apostelgeschichte 7,59). Es gibt viele Stellen in der Bibel, die bezeugen, dass zu Jesus gebetet wurde, auch nach Seiner Auferstehung.

Der Baum des Lebens

Der Baum des Lebens - woher kennen wir ihn? Natürlich aus 1. Mose 2 und 3. 1. Mose 2,8-9: **Und Gott der HERR pflanzte einen Garten in Eden im Osten und setzte den Menschen dorthin, den Er gemacht hatte. Und Gott, der HERR, ließ allerlei Bäume aus der Erde hervorsprießen, lieblich anzusehen und gut zur Nahrung, und auch den Baum des Lebens mitten im Garten und den Baum der Erkenntnis des Guten und Bösen.**

Der Mensch hätte von diesem Baum des Lebens essen dürfen, wenn er nicht in die Sünde gefallen wäre und Gottes Gebot übertreten hätte. Gott hatte verboten, vom Baum der Erkenntnis des Guten und des Bösen zu essen. Wäre der Mensch nicht in Sünde gefallen, hätte er unmittelbar die Unsterblichkeit in Gottes Reich erlangt. Aber infolge des Sündenfalls hat Gott die Cherubim vor dem Paradies aufstellen müssen, damit keiner zum Baum des Lebens hineingehen konnte.

1. Mose 3,24: **Und Er vertrieb den Menschen und ließ östlich vom Garten Eden die Cherubim lagern mit dem gezückten flammenden Schwert, zu bewahren den Weg zum Baume des Lebens.** Dies hat Gott getan, damit der Mensch

sich nicht überhebt und aus eigener Gewalt Unsterblichkeit beansprucht. Das musste den Menschen verwehrt werden. Gott war aber gnädig und hat Seinen Sohn Jesus Christus gesandt, um uns den Zugang zum Thron zu ermöglichen. Indem beim Tod Jesu Christi am Kreuz der Vorhang im Tempel von oben bis unten zerriss, hat Gott den Weg in das Heiligtum geöffnet (Matthäus 28,51). Das Heiligtum ist Gott selbst. Es braucht keinen Tempel mehr, denn der HERR ist der Tempel, an dem wir genesen, indem wir Erlösung empfangen und das Opfer Jesu Christi annehmen.

„Gott ist der Tempel" (Offenbarung 21,22) und auch das Lamm. Vater und Sohn bilden untrennbar den lebendigen Tempel, zusammen mit dem Leben schaffenden Geist, dem Strom des Lebens, der alles im himmlischen Jerusalem durchströmt und uns

Seine Freude, Seine Kraft, Seine Weisheit und Seine Liebe schenken wird, wenn wir bei Ihm, dem Vater, und dem Lamm, als die erlöste Schar zusammen sein werden. Wie wunderbar!

Dieser Baum des Lebens trägt **zwölf Mal** Früchte. Das heißt, es ist ein Baum, der vollkommen Frucht trägt. Es kommt kein Winter, in dem er keine Früchte tragen könnte. Seine Fruchtbarkeit kennt kein Aufhören. Seine Blätter dienen zur Heilung. Diese Heilung verstehe ich - wie schon ausgeführt - so, dass es in der Ewigkeit ein **Geheiltsein** gibt. Es ist nicht so, dass wir dort noch krank werden könnten. Denn Gottes Wort sagt ganz klar: Offenbarung 21,4: **Und Gott wird abwischen alle Tränen von ihren Augen, und der Tod wird nicht mehr sein, weder Leid noch Geschrei noch Schmerz wird mehr sein; denn das Erste ist vergangen.**

Es ist also ein Geheiltsein der Völker, eine „therapia" wie es im Griechischen heißt. Was im Tausendjährigen Reich vorgeschattet ist, wird dann vollendet sein. Dass hier die Völker betont werden, zeigt eben, dass sie auch Zugang haben, aber nur über Golgatha. Es gibt keinen Sonderweg, wie manche behaupten.

Keine zwei Heilslinien

Wir wissen aus Offenbarung 21, dass die himmlische Stadt zwölf Tore besitzt. Darauf stehen die zwölf Namen der Stämme Israels geschrieben. Der Zugang Israels hat eine wichtige Bedeutung, aber nur durch den größten Sohn Israels, Jesus Christus, den Nachfolger Davids, der Sein Friedensreich aufrichten und ewig im himmlischen Jerusalem mit dem Vater zusammen auf Seinem Thron sitzen wird. Die Grundsteine sind die zwölf Apostel des Neuen Bundes. Alter Bund und Neuer Bund sind untrennbar miteinander vereint. Der Verbindungspunkt ist gemäß Epheser 2 Jesus Christus. ER ist unser Friede am Kreuz auf Golgatha. Es gibt keine zwei Heilslinien, keine Aufteilung in der Ewigkeit zwischen alttestamentlichen und neutestamentlichen Gläubigen, wie es manche Lehrrichtungen behaupten wollen, sondern die Einheit, wie sie in Epheser 2 beschrieben wird - das möchte ich immer wieder betonen - ist errungen, indem Er unser Friede ist.

Wasser des Lebens - Baum des Lebens - Heilung der Völker - keine Krankheit - keine Träne - kein Leid - kein Schmerz - das ist eine wunderbare Vollendung! Die leibliche Gesundheit, aber auch das geistliche Geheiltsein, die Wegnahme jeder Sünde und jeder Anfechtung sind im Himmel gewährleistet. Im Tausendjährigen Reich ist der Mensch, wie gesagt, noch der alte, aber Satan ist gebunden, die Sünde ist eingedämmt, während in der Ewigkeit, im himmlischen Jerusalem, die Sünde weggenommen ist. Wer Jesus Christus als Sühnopfer für seine Sünden nicht angenommen hat, ist draußen und gelangt niemals hinein.

Der Fluch ist hinweg getan

Offenbarung 22,3: **Und es wird keinen Fluch mehr geben. Und der Thron Gottes und des Lammes wird in ihr sein, und Seine Knechte werden Ihm dienen.**

Wann ist der Bann bzw. der Fluch in die Welt gekommen? Beim Sündenfall (1. Mose 3). Der Fluch wirkte sich dort so aus, dass die Schlange auf dem Boden kriechen und Erde fressen musste, dass die Frauen unter Schmerzen ihre Kinder gebären und dass der Mann oder überhaupt der Mensch im Schweiße seines Angesichts sein Brot essen wird. Er ist Staub und wird zu Staub werden, er ist Erde und wird wieder zur Erde werden. Übrigens wird der Mensch nicht zur Asche, wie es manchmal auf Beerdigungen gesagt wird. Man kann nur sagen: „Staub zu Staub, Erde zu Erde“ und nicht „Asche zu Asche“. Die Feuerbestattung findet sich in biblischer Zeit nur im Heidentum. Es gibt keine Stelle in der Bibel, an der sich ein Jude oder ein neutestamentlicher Christ hat verbrennen lassen. Die Verbrennung der Märtyrer war unfreiwillig. Der HERR ist in solchen Fällen gnädig. Aber wenn wir selbst darüber entscheiden können, was nach dem Tod mit unserem irdischen Leib geschehen soll, sollten wir die biblische Art der Bestattung wählen: die Erdbestattung.

Mit dem HERRN regieren

Es ist ganz klar, dass wir dem HERRN dienen werden, obwohl es später heißt: **„Sie werden herrschen von Ewigkeit zu Ewigkeit“**.

Im Griechischen steht hier bei Vers 5 „basileuousin“. „Basileus“ ist der König. Alle, die dem HERRN Jesus gehören, werden Könige mit Ihm sein, aber natürlich doch unter Ihm. Die Rangordnung wird gewahrt. Wir werden nie auf derselben Stufe wie Gott stehen. Wir werden zwar nach Seinem Ebenbild geschaffen und Ihm gleich gestaltet werden (Römer 8,29: **Denn welche Er zuvor ersehen hat, die hat Er auch vorherbestimmt, dem Ebenbilde Seines Sohnes gleichgestaltet zu werden, damit Er der Erstgeborene sei unter vielen Brüdern**).

Aber wir werden nie Gott sein, sondern von Gott begnadigte Sünder, die in Ewigkeit mit Ihm herrschen und uns mit Ihm am ewigen Leben erfreuen dürfen. Und dabei bleiben wir natürlich Seine Knechte.

Das Herrschen mit Christus betrifft nur diejenigen, die ins Himmelreich eingehen dürfen, die sich nicht anmaßen, selbst wie Gott zu sein, die nicht die Ursünde von 1. Mose 3,5 auf sich laden. Die Ursünde war die Rebellion der gefallenen Engel. Aber die Knechte des HERRN werden gehorsame Diener sein und gerade deshalb gemeinsam mit Ihm herrschen dürfen. Erst heißt es: **„Seine Knechte werden Ihm dienen“** und am Ende **„Sie werden mit Ihm herrschen“**, aber nicht über Ihn, sondern mit Ihm!

Sein Angesicht schauen

Der HERR wird sie erleuchten. Dies ist das wunderbare Ziel unseres Glaubens: dass dann die Decke der Verhüllung weggenommen ist und dass wir das Angesicht des HERRN sehen dürfen, wie Er ist. Und dies allein deshalb, weil Sein Name auf unseren Stirnen stehen wird, wenn wir zu diesen Erlösten gehören dürfen, wenn wir dem HERRN treu bleiben bis ans Ende.

Offenbarung 22,4: **... und sie werden Sein Angesicht sehen, und Sein Name wird auf ihren Stirnen sein.**

Es gibt einen Namen, den nur Er weiß, andererseits ist es aber der Name unseres Retters Jesus und auch der Name des Vaters, JHWH im Hebräischen (wahrscheinlich Jahweh ausgesprochen). Das ist der wunderbare Heilsname „Ich bin, der ich bin. Ich werde sein, der ich sein werde" und „Jesus Jeschuah", der Retter, der Erlöser, der Befreier von Schuld und Sünde, der uns den Eingang zum ewigen herrlichen Reich erworben hat am Kreuz auf Golgatha.

1. Johannesbrief 3,2: **Geliebte, wir sind nun Gottes Kinder, und noch ist nicht offenbar geworden, was wir sein werden; wir wissen aber, dass, wenn Er offenbar werden wird, wir Ihm ähnlich sein werden; denn wir werden Ihn sehen, wie Er ist.**

Ihm ähnlich sein, heißt niemals, dass wir wie Gott sein werden. Wir werden einen genauso unverweslichen Auferstehungsleib haben wie der HERR Jesus Christus. Das ist damit gemeint, gemäß 1. Korinther Kapitel 15. Es wird eine ewige Existenz sein, bei der es uns nicht langweilig wird. Bis in alle Ewigkeit werden wir das hinzulernen dürfen, was wir in einem Leben auf der Erde nie haben lernen können. Wir brauchen deshalb auch keine Reinkarnation (Wiederverkörperung), weil wir viel mehr haben als die fernöstlichen Religionen, nämlich die ewige Herrlichkeit, alles Schöne, vor allem, den HERRN zu erkennen und in Seiner Liebe in Ewigkeit geborgen zu sein. Es geht ja nicht nur um Erkenntnis, sondern vor allem um die Liebe, die noch weiter wachsen darf. Wir werden dort erst so richtig sehen, wer Er ist, was Er alles für uns getan hat und wie Er uns alles schenken möchte, was wir zu unserer ewigen Freude und Seligkeit brauchen. Man kann das mit menschlichen Worten kaum ausdrücken. Das übersteigt, genau wie damals bei Johannes, unsere Vorstellungswelt. Aber wir können es anhand der Bibel, andeutungsweise mit menschlichen Worten ausgedrückt, sehen, hören und lesen. Unverhüllt wird Er uns dann Sein Angesicht zeigen.

Gott ist Licht

Offenbarung 22,5: **Und es wird dort keine Nacht mehr geben, denn sie bedürfen nicht eines Leuchters, noch des Lichtes der Sonne; denn Gott der Herr erleuchtet sie, und sie werden herrschen von Ewigkeit zu Ewigkeit.**

Es wird dort keine Nacht mehr geben. Natürlich nicht, denn Gott ist Licht (1. Johannes 1,5). Es wird dort keine Finsternis sein. Manche argumentieren so oberflächlich, dass es keine 6-Tage-Schöpfung geben könne, weil die Himmelskörper Sonne, Mond und Sterne erst am vierten Tag erschaffen wurden. Aber das ist in Wirklichkeit gar kein Problem, denn es heißt: 1. Mose 1,3–4: **Und Gott sprach: „Es werde Licht!" Und es ward Licht. Und Gott sah, dass das Licht gut war; da schied Gott das Licht von der Finsternis.**

Gott ist selbst Licht. Und wenn Gott die 24 Stunden ausdrücklich mit Abend und Morgen als „ersten Tag" kennzeichnet, dann braucht Er keine Sonne dazu. Er hat ja von Anfang an die Zeit geschaffen. Am vierten Tag hat Er dann zusätzlich die Himmelskörper eingerichtet, die diese Ordnung dann weiter nach Seinem Plan ausführen. Aber Er hat den Tag bestimmt, auch schon ohne Sonne, durch Abend und Morgen eingegrenzt.

Gott ist Licht. Und Er schuf das Licht gleich zu Anfang, und dieses vertrieb die Finsternis. Auch in der Ewigkeit wird Licht sein. Es wird nichts geben, was sich vor Gott verstecken kann. Wir werden in Seiner Lichtherrlichkeit umso mehr strahlen und leuchten dürfen. Es wird ja auch keine Sünde mehr existieren, so dass Finsternis nicht mehr notwendig ist. Die Finsternis sucht nur der, der ein Kind der Finsternis ist. Aber wir sollen und dürfen ja Kinder des Lichts und des Tags sein, rein gewaschen durch das Blut des Lammes.

Worüber werden wir herrschen?

Es stellt sich nun die Frage: Worüber werden wir denn herrschen? Darüber haben sich schon viele den Kopf zerbrochen. Eindeutig ist, dass wir mit dem HERRN herrschen werden, unter Ihm, aber doch mit Ihm. In Psalm 8 wird der Mensch beschrieben bezüglich der irdischen Herrschaft. Gott hat den Menschen wunderbar geschaffen. Alles hat Er unter seine Füße getan. Psalm 8,6: **Du lässt ihn herrschen über die Werke Deiner Hände; alles hast Du unter seine Füße gelegt.**

Dann werden Tiere aufgezählt sowie die ganze geschaffene Welt. In der himmlischen Herrlichkeit existieren sicher auch viele Bereiche, über die wir herrschen können. Ich will jetzt nicht spekulieren. Ich weiß nicht, ob es dort Tiere gibt. Dazu können wir nichts Eindeutiges sagen. Aber jedenfalls werden wir alles, was da sein wird, beherrschen dürfen. Wir werden sogar über die Engel herrschen dürfen, denn es heißt in 1.Korinther 6,3: **Wisst ihr nicht, dass wir Engel richten werden? Warum denn nicht auch Dinge dieses Lebens?**

Aber ich denke, dass nicht ein Mensch über den anderen herrschen wird. Die diktatorischen Strukturen, wie wir sie heute noch auf der Erde finden, werden dort abgetan sein. Die Erlösten werden eine Liebesgemeinschaft bilden, bei der auf keinen Fall mehr Gewaltherrschaft ausgeübt wird, höchstens Friedensherrschaft mit dem Lamme über die erneuerte Welt. Mehr möchte ich dazu nicht sagen. Nur in aller Demut und Zurückhaltung wollen wir uns über diese Dinge äußern.

Zeichen für die baldige Wiederkunft des HERRN

Offenbarung 22,6: **Und er sprach zu mir: „Diese Worte sind gewiss und wahrhaftig; und der HERR, der Gott der heiligen Propheten, hat Seinen Engel gesandt, um Seinen Knechten zu zeigen, was rasch geschehen muss.“**

Johannes durfte einen Blick tun bis hin zur allerletzten Vollendung. Aber jetzt holt ihn die Realität wieder ein. Er befindet sich noch nicht im himmlischen Jerusalem, sondern auf der Insel Patmos in der Verbannung. Aber er wünscht sich, dass das bald kommt, was er geschaut hat. Und der HERR sagt, es würde nicht lange dauern. Dabei müssen wir aber beachten, dass das Zeitmaß Gottes anders ist als das Zeitmaß der Menschen. Bei dem HERRN sind tausend Jahre wie ein Tag und ein Tag wie tausend Jahre. 2. Petrus 3,8: **Dieses eine aber sei euch nicht verborgen, Geliebte, dass ein Tag vor dem Herrn ist wie tausend Jahre, und tausend Jahre wie ein Tag!**

Es wird rasch, schnell geschehen. „Tachys" steht hier. Das ist das Wort, das wir auch in „Tachometer" finden, dem Geschwindigkeitsmesser. Dabei geht es um Schnelligkeit, Geschwindigkeit. Natürlich warten wir jetzt schon 2 000 Jahre darauf, dass der HERR kommt. Aber das ist für Gott kein großer Zeitraum.

Und doch mehren sich jetzt die Zeichen der Zeit, dass die Wiederkunft des HERRN nahe bevorstehen könnte. Es existierte zum Beispiel das wesentlichste Zeichen viele Jahrhunderte nicht, welches jetzt wieder vorhanden ist, nämlich die Staatsgründung Israels. Dieser Staat Israel ist ein menschlich fehlerhafter Staat. Aber er bildet die Voraussetzung zur Erfüllung zahlreicher alt- und neutestamentlicher Prophezeiungen. Denken wir nur an

- den Propheten Sacharja, Kapitel 12–14;
- den Propheten Hesekiel, der das Tausendjährige Reich beschreibt;
- den Propheten Jesaja Kapitel 2, wo es heißt, dass alle Völker zum Berg Zion pilgern werden
- den Propheten Micha, Kapitel 4, wo die Friedensstadt des Messias beschrieben wird
- 2. Thessalonicher 2, wo beschrieben wird, dass sich der Mensch der Sünde, der Antichrist, in den Tempel Gottes setzt. Das mag ein wörtlich zu verstehender Tempel sein, es kann aber auch die Gemeinde als Tempel verstanden sein. Da gibt es verschiedene Deutungen.

Jedenfalls bildet das wiedererstandene politische Israel die Voraussetzung zur Erfüllung vieler geistlicher prophetischer Voraussagen, etwa angefangen bei Hesekiel Kapitel 37, wo beschrieben wird, wie die Totengebeine zusammenrücken. Darunter verstehen viele und ich auch die Wiedererstehung Israels und alles was darauf folgt, wie es im Hesekiel in weiteren Kapiteln geschrieben steht. Ich kann das jetzt nur andeuten.

Jedenfalls wird der HERR schnell, rasch oder bald nach göttlichem Maßstab kommen. Es kann auch bedeuten, dass Er ganz plötzlich kommen wird - schnell kann auch heißen: „überraschend". Deshalb sagt uns der HERR Jesus in Matthäus in den Kapiteln 24–26, dass wir allezeit bereit sein sollen: wartebereit. Wir sollen das Öl in den Lampen nicht ausgehen lassen, damit wir nicht zu den törichten Jungfrauen gehören. **„Diese Worte sind gewiss und wahrhaftig"** - sie sind absolut eindeutig und klar, und wir sollen nichts daran verändern, sondern bereit sein, wenn der HERR erscheint.

Glückselig, wer die Worte der Weissagung bewahrt!

Offenbarung 22,7: **„Siehe, ich komme bald! Glückselig, wer die Worte der Weissagung dieses Buches bewahrt!"**

Manche tun sich schwer und sagen: „Die Offenbarung können wir nicht verstehen. Wir lassen lieber die Finger davon." Doch es gibt in keinem anderen Buch so viele Seligpreisungen für diejenigen, die gerade dieses Buch bewahren - besonders in der Endzeit - und lesen und sich zu Herzen nehmen. Der Teufel möchte, dass man einen großen Bogen darum macht. Aber der HERR sagt: Offenbarung 1,3: **Selig ist, wer die Worte der Weissagung dieses Buches bewahrt.**

Dieses Buch war auch in der Kirchengeschichte am Anfang umstritten. Man hat sich damit schwer getan und tut sich heute schwer. Viele wollen nichts davon wissen. Wer dieses Buch beiseite schiebt, nimmt sich selbst einen Teil der Seligkeit weg, einen sehr wichtigen Teil. Denn dieses Buch ist ganz besonders in der Endzeit wegweisend und lebenswichtig. Es ist kein Buch mit sieben Siegeln, was das Verständnis angeht. Wenn man keine künstlichen Umdeutungen macht, dann kann man es viel besser verstehen, als wenn man denkt, man muss alles geistlich neu interpretieren. So habe ich es schon bei verschiedenen Leuten gehört, die keinen Stein mehr auf dem anderen lassen. Nein, es ist, wenn man es zunächst einmal wörtlich nimmt, gar nicht so schwer zu verstehen. Ich kann nur jeden dazu ermutigen, es zu lesen. Und ich plädiere für die wörtliche Auslegung. Nur da, wo es vom Zusammenhang her geistlich verstanden werden muss, dürfen wir es auch geistlich deuten, ansonsten nicht.

Gott allein sei Anbetung und Ehre!

Offenbarung 22,8: **Und ich, Johannes, bin es, der diese Dinge gesehen und gehört hat; und als ich es gehört und gesehen hatte, fiel ich nieder, um anzubeten vor den Füßen des Engels, der mir diese Dinge zeigte.**

Etwas Ähnliches lesen wir in Offenbarung 19,10. Durch den Engel, der ja nur ein Mittler der Offenbarung Gottes oder Jesu Christi ist, hatte Johannes das Geheimnis von der Hochzeit des Lammes geoffenbart bekommen. Das war für ihn so überwältigend, dass er niedergefallen ist und den Engel anbeten wollte. Vielleicht hatte er ja im Herzen den HERRN anbeten wollen, aber da stand ihm der Engel vor Augen, der ihm erschienen war. Diesen wollte er anstelle Gottes anbeten. Doch derselbe Engel wehrt ihn nun ab.

Offenbarung 22,9: **Und er sprach zu mir: „Sieh dich vor, tu es nicht! Denn ich bin dein Mitknecht und der deiner Brüder, der Propheten, und derer, welche die Worte dieses Buches bewahren. Bete Gott an!"**

Allein Gott sollen wir anbeten und allein das Lamm Jesus Christus, der uns diese Offenbarung schenkt, gemäß Offenbarung 1. Jesus war Johannes erschienen und hatte Seinen Engel gesandt. Aber die Ehre gebührt nicht dem Mittler in Gestalt des Engels, sondern allein dem Mittler des Heils, Jesus Christus. Nicht dem Geschöpf, sondern dem Schöpfer und Dem, durch Den alles geschaffen wurde: dem ewigen Logos (das Wort) (Johannes 1,1ff.). Das ist der entscheidende Unterschied.

1. Timotheus 2,5: **Denn es ist <u>ein</u> Gott und <u>ein</u> Mittler zwischen Gott und den Menschen, der Mensch Christus Jesus.**

Gott wurde Mensch in Seinem Sohn, um uns das Heil zu erwerben. Aber der Engel gehört auf die Seite der Geschöpfe, also der Menschen, der Propheten und derer, die diese Worte bewahren. Der Engel stellt sich hier ganz klar auf die Seite des Geschaffenen. Das ist ein wichtiger Beweis. Die Engel haben ebenso wenig göttliches Wesen wie wir. Ein Engel ist eben auch nur einer, der zu den Geschöpfen gehört. Jesus gehört auf die Seite des Schöpfers, des Vaters. Da müssen wir ganz klar unterscheiden:

Schöpfer: Vater - Sohn - Heiliger Geist

Geschöpfe: Engel - Menschen - alles andere Geschaffene, wie Tiere, Pflanzen, Mineralien

Nur der Mensch hat einen von Gott gegebenen Lebensatem, in dem sein Geist wohnt. Das gilt auch für die Engel, die am Throne Gottes und in Seiner Umgebung sind.

Treue und gefallene Engel

Der echte Engel wehrt es ab, von Johannes und überhaupt von Menschen Anbetung entgegenzunehmen. Der falsche Engel aber, der dämonische Engel, nimmt solche falsche Verehrung an. Er fordert diese sogar. In Matthäus 4 lesen wir, wie Satan den HERRN Jesus verführen möchte. Dort finden sich drei Versuchungslügen Satans. Bei der dritten heißt es:

Matthäus 4,8-9: **Wiederum nimmt Ihn** (den HERRN Jesus) **der Teufel mit auf einen sehr hohen Berg und zeigt Ihm alle Reiche der Welt und ihre Herrlichkeit und spricht zu Ihm: „Dieses alles will ich dir geben, wenn du niederfällst und mich anbetest."**

Hier haben wir genau das, was der gute Engel in Offb. 22 abwehrt. Aber der dämonische Engel, Satan und seine mit ihm abgefallenen Engelwesen, verlangen Anbetung. Sie wollen sich an die Stelle Gottes setzen. Und was sagt der HERR Jesus dazu?

Matthäus 4,10-11: **Da spricht Jesus zu ihm: „Weiche, Satan! Denn es steht geschrieben: ‚Du sollst den Herrn, deinen Gott, anbeten und Ihm allein dienen!'" Da verließ Ihn der Teufel; und siehe, Engel traten hinzu und dienten Ihm.**

Indem der HERR Jesus die Versuchung abwehrt, dreht sich die Sache um. Satan hatte ihm natürlich Großartiges versprochen. Er hatte gesagt: „Du kannst alle Reiche haben, wenn du zu mir trittst und deinen Vater verleugnest, deinen Vater dahingibst und Seinen Heilsplan nicht durchführst." Aber der HERR Jesus war treu und gehorsam bis zum Tod am Kreuz, wie es in Philipper Kapitel 2 heißt. Und daraufhin belohnt Ihn der Vater, indem die wirklichen Engel, die nicht abgefallen sind, dem HERRN Jesus dienen. Sie haben Ihn dann nach der 40-tägigen Fastenzeit in der Wüste gestärkt (Mt. 4,11). So werden auch wir göttlichen Lohn empfangen, wenn wir dem HERRN treu bleiben und uns nicht auf die Seite des Versuchers, des Satans ziehen lassen.

Johannes wurde, als er den Engel anbeten wollte, offenbar schwach. Es ist wichtig, dass dies in der Bibel steht. Denn es zeigt uns, dass der Apostel Johannes kein Übermensch war. Er war zwar ein von Gott berufener und besonders gesegneter Apostel, aber er ist bezüglich seines Wesens und Verhaltens niemals auf eine Stufe mit dem HERRN Jesus zu stellen. Die Schwachheit des Johannes wird ganz deutlich in Offenbarung 19 und 22, indem er sich vor dem Engel niederwirft und der Engel ihn zurechtweisen muss. Ich bin sehr dankbar dafür, dass dies in der Bibel steht. So können wir erkennen, dass wir, wenn wir durch die Heilige Schrift Offenbarungen empfangen, nur Gott allein anbeten sollen und nicht irgendwelche Apostel und Propheten oder andere menschlichen Mittler oder Engel. Nein, wir sollen allein zum HERRN beten. Es heißt: **„Bete Gott an!"** und nicht „Bete mich an", wie Satan es gesagt hat.

Die Weissagung ist nicht mehr versiegelt

Offenbarung 22,10: **Und er sprach zu mir: „Versiegle die Worte der Weissagung dieses Buches nicht; denn die Zeit ist nahe."**

Woran erinnert uns dieser Aufruf, wenn wir an das Alte Testament denken? An das Buch des Propheten Daniel. Im Propheten Daniel 8,26, lesen wir die Stelle, bei der es um den Widder und um den Ziegenbock geht, was sich auch auf die Endzeit bezieht: **Was aber über das Gesicht von den Abenden und Morgen gesagt worden ist, das ist wahr; und du sollst das Gesicht verwahren, denn es bezieht sich auf fern liegende Tage.**

Was dem Propheten Daniel offenbart wurde, soll also zunächst durch Verwahrung Verborgenheit erhalten. Dies bezieht sich auf die Zeit vor dem Kommen Jesu Christi auf diese Erde, als die Zeit erfüllt war. Dann ist die Heilsgeschichte weitergegangen. Nachdem der HERR Jesus erschienen ist, gilt es, nichts mehr zu versiegeln, sondern jetzt gelangt alles sehr bald, in schneller Abfolge, zur Erfüllung und Enthüllung.

Aber es wird noch deutlicher: Die am Ende des Buches Daniel genannte Vision ist sicher die weitreichendste Offenbarung, die einem Propheten im Alten Testament gegeben wurde. Es knüpfen sehr viele Bibelstellen daran an. Aber es ist noch nicht enthüllt, es ist noch vorgeschattet: Daniel 12,3-4: **Und die Verständigen werden leuchten wie der Glanz der Himmelsfeste und die, welche die vielen zur Gerechtigkeit weisen, wie die Sterne immer und ewiglich. Du aber, Daniel, verschließe diese Worte und versiegle das Buch bis zur Zeit des Endes! Viele werden darin forschen, und die Erkenntnis wird zunehmen.**

Und bei Johannes **hatte** sie zugenommen!

Warum unbußfertige Menschen nichts Göttliches erkennen

Und weiter heißt es in Daniel 12,8-10: **Das hörte ich, verstand es aber nicht. Darum fragte ich: „Mein HERR, was wird das Ende von diesen Dingen sein?" ER sprach: „Geh hin, Daniel! Denn diese Worte sollen verschlossen und versiegelt bleiben bis zur Zeit des Endes. Viele sollen gesichtet, gereinigt und geläutert werden; und die Gottlosen werden gottlos bleiben, und kein Gottloser wird es verstehen; aber die Verständigen werden es verstehen.**

Hier steht zu lesen: **„Die Gottlosen werden gottlos bleiben"**. Ganz ähnlich findet es sich auch in Offenbarung 22 - ein zunächst höchst seltsam klingender Vers, der aber direkt im Zusammenhang hiermit steht: Offenbarung 22,11: **Wer Unrecht tut, der tue weiter Unrecht, und wer unrein ist, der verunreinige sich weiter, und der Gerechte übe weiter Gerechtigkeit, und der Heilige heilige sich weiter.**

Es wird gemäß dieser Aussage Menschen geben ohne Buße, die keine Erkenntnis haben. Die Gottlosen können die Geheimnisse des HERRN nicht verstehen. Für diese Menschen bleiben sie ein Rätsel. Jeder, der der Bibelkritik und der liberalen Theologie frönt, der nicht gläubigen Herzens die Bibel unter Gebet studiert, der kann sie einfach nicht verstehen. Für solche Menschen ist und bleibt die Bibel und vor allem das Buch der Offenbarung ein Buch mit sieben Siegeln. Das Verständnis kann nur durch den Heiligen Geist geschenkt werden und nicht durch noch so viele Studien (vgl. 1. Korinther 2). Das Studium allein reicht dazu nicht aus. Dadurch entstehen nur Missverständnisse. Auch wenn wir durch den Heiligen Geist geleitet sind, bleibt natürlich unsere Erkenntnis Stückwerk, weil wir Menschen im Fleisch sind. (1. Korinther 13,9ff.). Das soll uns in der Demut halten. Und doch können wir heute mehr verstehen als der Prophet Daniel im Alten Bund, weil die Enthüllung im Neuen Bund fortgeschritten ist. Deshalb heißt es hier: **„Versiegle die Worte der Weissagung dieses Buches nicht; denn die Zeit ist nahe."**

Es ist sehr ermutigend zu erkennen, dass das Buch der Offenbarung nicht so geheimnisvoll ist, wie manche behaupten. Wir können mehr verstehen als viele behaupten, die den Geist Gottes nicht haben.

Jetzt ist das Ende nahe gerückt. Jesus ist erschienen, und die Vollendung bereitet sich vor. **„Der Gerechte übe weiter Gerechtigkeit, und der Heilige heilige sich weiter."** Wer erlöst ist, wer gläubig ist, der soll nicht abfallen, der soll im Glauben und in der Erkenntnis wachsen. Aber ohne Heiligung gibt es keine Erkenntnis. Wenn wir bewusst und gezielt in Sünde leben, wird Gott uns auch keine Erkenntnis Seines Wortes schenken. Dann müssen wir zuerst Buße darüber tun. Das bedeutet **„der heilige sich weiter"**.

Preisgericht und Verdammungsgericht

Offenbarung 22,12: **Und siehe, Ich komme bald und Mein Lohn mit Mir, um einem so zu vergelten, wie sein Werk sein wird.** Das soll nicht heißen, dass wir durch Werke gerettet werden. Erlöst werden wir allein aufgrund des Glaubens an das vollgültige Opfer unseres HERRN Jesus Christus am Kreuz auf Golgatha, wo er für dich und für mich verblutet ist. Aber was wir nun auf diese Erlösung bauen, kann unterschiedlich sein.

1. Korinther 3,10–13: **Nach der Gnade Gottes, die mir gegeben ist, habe ich als ein weiser Baumeister den Grund gelegt; ein anderer aber baut darauf. Ein jeglicher sehe zu, wie er darauf baue. Denn einen andern Grund kann niemand legen, außer dem, der gelegt ist, welcher ist Jesus Christus. Wenn aber jemand auf diesen Grund Gold, Silber, kostbare Steine, Holz, Heu, Stroh baut, so wird eines jeden Werk offenbar werden; der Tag wird es klar machen, weil es durchs Feuer offenbar wird. Und welcher Art eines jeden Werk ist, wird das Feuer erproben.**

Einer baut auf die durch Jesus Christus erworbene Erlösung Holz, Heu und Stroh und der andere Gold, Silber und Edelsteine. Das bedeutet, dass es einen unterschiedlichen Lohn geben wird aufgrund dessen, welche Frucht ich im Glaubensleben hervorbringe oder welche Frucht ich nicht bringe. Dies soll eine Ermutigung für uns sein, dem HERRN von Herzen zu dienen, uns zu Ihm zu bekennen und Menschen zu Ihm einzuladen. Wir sollten ermutigt sein, Gutes zu tun und miteinander zu teilen. Solche Werke gefallen Gott. Es retten uns nicht die Werke des Gesetzes, auch nicht die Werke des Glaubens, sondern allein das Opfer unseres HERRN Jesus Christus auf Golgatha. Aber die Werke des Glaubens sind dankbare und konsequente Folge der erfahrenen Liebe und Gnade in Jesus Christus. Der Apostel Paulus schreibt in Galater 5 von der „Frucht des Geistes“, der Herrenbruder Jakobus in Jakobus 2 von den „Werken des Glaubens“ – im Unterschied zu den selbst gemachten Werken des Gesetzes, die keinen retten können. Das müssen wir in der Heiligen Schrift klar unterscheiden.

Der Lohn wird beim Preisgericht für den Gläubigen nach 1. Korinther 3 also nach dem bemessen, ob er auf die Erlösung in Christus Heu oder Gold gelegt hat. Die Ungläubigen dagegen müssen am Jüngsten Gericht vor den großen weißen Thron hintreten, wie in Offenbarung 20,11ff. beschrieben. Dort müssen nur diejenigen erscheinen, die nicht im Lebensbuch des Lammes stehen. Denn wer an Jesus glaubt, der kommt nicht ins Gericht, sondern ist schon gerettet. In Johannes Kapitel 3 und 5 wird dies klar ausgeführt. Wer an den Sohn glaubt, kommt nicht ins Gericht, denn er ist schon vom Tode zum Leben hindurchgedrungen. Dieser kommt nur ins Preisgericht. Das ist aber etwas anderes als das Verdammungsgericht vor dem großen weißen Thron. Dies müssen wir unbedingt voneinander unterscheiden. Das Preisgericht wird für die entrückte Gemeinde **vor** dem Tausendjährigen Reich stattfinden, das Verdammungsgericht dagegen **nach** dem Tausendjährigen Reich und dem letzten Aufstand von Gog und Magog. So lautet die m.E. wörtlich zu nehmende Abfolge in der Johannesoffenbarung Kapitel 20.

Jesus, der Anfang und das Ziel

Offenbarung 22,13: **Ich bin das A und das O, der Anfang und das Ende, der Erste und der Letzte.**

Hier beweist Jesus Christus noch einmal Seine Gottheit: die Tatsache, dass Er von Ewigkeit her beim Vater ist. A wie Anfang und O wie Vollendung - Er ist untrennbar mit dem Vater und Seinem Thron verbunden. Ja, durch Ihn ist alles geschaffen. Gott schuf alles durch Sein Wort. Und Sein Wort steht für Jesus Christus (Johannes 1). Jesus Christus ist auch die Weisheit, die schon im Anfang in des Vaters Schoß war (Sprüche 8). Jesus ist der ewige Sohn Gottes.

Es heißt hier: **„der Anfang und das Ende, der Erste und der Letzte“** - für „Ende“ steht „telos“. Dies kann man auch mit „Ziel“ übersetzen. Jesus ist das Ziel. Unser Ziel lautet, Ihn zu schauen von Angesicht zu Angesicht. Ist Jesus auch das Ziel **deines** Lebens? Jesus ist das schönste, größte und einzig gültige Ziel in Zeit und Ewigkeit. Alle anderen Ziele werden vergehen und uns nicht wirkliche Erfüllung bringen.

Gottes gute Gebote

Offenbarung 22,14: **Glückselig sind, die Seine Gebote tun, damit sie Anrecht haben an dem Baum des Lebens und durch die Tore in die Stadt eingehen können.** Es wird hier noch einmal betont, dass zum Glauben auch das Einhalten der Gebote gehört. In Römer 13 wird ausgeführt, dass die Liebe die Erfüllung des Gesetzes ist. Aber die Liebe wird erst konkret, wenn wir die Gebote Gottes halten, und nicht, wenn wir sie übertreten. Und was steht für die Liebe? Du sollst deinen HERRN lieben von ganzem Herzen, vom ganzen Gemüt und von ganzer Seele und deinen Nächsten wie dich selbst. Wer den Nächsten liebt, tut ihm nichts Böses. Er wird ihn nicht töten, wird nicht in seine Ehe eindringen, wird ihn nicht bestehlen, wird nicht begehren, was ihm gehört, usw. Dies kann ich hier nur andeuten. Jedenfalls gilt: Wer Gottes Gebote tut, der hat Anrecht am Baum des Lebens und darf durch die Tore der Stadt eingehen, auf denen die Namen der zwölf Stämme Israels geschrieben stehen (Offenbarung 21).

Draußen aber sind die Hunde ...

Und jetzt kommt noch einmal der Kontrast: Offenbarung 22,15: **Draußen aber sind die Hunde und die Zauberer und die Unzüchtigen und die Mörder und die Götzendiener und jeder, der die Lüge liebt und tut.**

Es wird in vielen Gottesdiensten heutzutage nur über die positiven Verse gepredigt. Aber solche Verse wie dieser werden ausgelassen. So etwas hört man nicht gern, aber es steht im Wort Gottes.

Was sind die Hunde? Da gibt es zwei wichtige Stellen im Neuen Testament, die beschreiben, was mit diesen Hunden gemeint ist. Es sind natürlich nicht die Tiere gemeint, wie wir sie kennen, sondern dies bezieht sich vom Zusammenhang her symbolisch auf Menschen.

Matthäus 7,6: **Gebt das Heilige nicht den Hunden und werft eure Perlen nicht vor die Schweine, damit sie dieselben nicht mit ihren Füßen zertreten und sich umwenden und euch zerreißen.**

Hier handelt es sich um Menschen, die absolut verstockt und gegen Gottes Wort verschlossen sind. Es sind Menschen, die, wenn sie das Wort Gottes hören, es in der Luft zerreißen würden. Denen sollen wir es - zumindest zu diesem Zeitpunkt - nicht sagen. Wir sollen um den richtigen Zeitpunkt beten und fragen: „Ist dieser Mensch jetzt offen dafür? Sollen wir das ihm jetzt sagen?" Natürlich sollen wir Gottes Wort auch zur Zeit und Unzeit verkündigen. Aber wenn wir merken, dass ein Mensch so verstockt ist, dass er uns dann nur Böses antun und sogar den HERRN und das Evangelium verlästern würde, dann sollen wir uns von ihm abwenden, den Staub von den Füßen abschütteln und zum nächsten Haus gehen. So hat es der HERR Jesus bei seiner Aussendungsrede angeordnet (Matthäus 10,11ff.).

Diese Hunde, die dauerhaft verstockt und bösartig auf Gott und Sein Wort reagieren, sind draußen und haben keinen Zugang zum Reich Gottes. Sie wollen da ja auch gar nicht hin. Gott zwingt niemanden. Deshalb ist die Entscheidung so wichtig, den HERRN Jesus hier und jetzt anzunehmen. Natürlich dürfen wir für solche Menschen beten. Aber wir sollen die Perlen nicht vor die Säue und das Heilige nicht vor die Hunde werfen.

Zu den Hunden gibt es noch einen weiteren Vergleich für Menschen, die vom Glauben abfallen: 2. Petrus 2,22: **Es ist ihnen ergangen nach dem wahren Sprichwort: «Der Hund frisst wieder, was er gespieen hat, und die Sau wälzt sich nach der Schwemme wieder im Kot!»**

Mit solch einem Menschen ist es dann hinterher schlimmer, als es vorher war, wenn jemand vom Glauben abfällt. Das ist eine wichtige Stelle, auch für diejenigen, die behaupten, es gäbe keinen Abfall vom Glauben und das Heil sei völlig unverlierbar. Es existieren jedoch in der Bibel viele Stellen über den Abfall vom Glauben. Auch die Reben am Weinstock, die keine Frucht bringen, werden abgeschnitten. Die Reben (Gläubige) waren schon am Weinstock (Jesus), aber sie werden abgeschnitten und müssen brennen (Johannes 15). Dazu gibt es noch viele andere Bibelstellen.

Bei solchen Menschen finden wir keinen Zugang mehr. Es ist unmöglich, solche zur Buße zu erneuern (so heißt es in Hebräer 6 und 10), die das Heilige mit Füßen treten. Damit kreuzigen sie den Sohn Gottes erneut. Diese Menschen werden hier mit den Hunden verglichen und sind draußen.

... und die Zauberer

Die Zauberer, wörtlich „pharmakoi", sind Drogenhersteller, die die Leute vernebeln und sie in Trance- und Ekstasezustände versetzen. Wie viele Drogen werden heutzutage - zum Teil legal - verbreitet. Es sind meist gefährliche Rauschdrogen, bei deren Gebrauch der Mensch nicht mehr bei klarem Verstand ist und sich allen möglichen dämonischen Mächten öffnet. In diesem Zusammenhang ist auch die Musik zu nennen, welche die Menschen vernebelt, wie z. B. Rock- oder psychedelische Musik. Darin sind auch die Zauberei und der gesamte Okkultismus enthalten. Diese beiden lassen sich oft von Drogen gar nicht trennen. Häufig gebrauchen Zauberer, Hexen und Magier Drogen, um sich in Trancezustände zu versetzen. Auch die dauernd wiederholten Trommelrhythmen wirken wie Drogen, um Rauschzustände auszulösen. Das ist eine große Gefahr. Menschen, die sich betäuben und Zauberei betreiben, leben gegen Gottes Wort. Wir sollen nüchtern und wachsam sein und so in das Reich Gottes eingehen. Das heißt natürlich nicht, dass wir keinerlei Medikamente nehmen sollen. Die Pharmazie im guten Sinne nehmen wir dankbar in Anspruch. In unserem Bibelwort sind aber alle Zauberdrogen und Betäubungen gemeint, die dazu führen sollen, dass wir nichts mehr mit Gott und Seinem Wort zu tun haben und nichts mehr davon aufnehmen wollen oder können. Das soll nicht sein. Die Zauberer, die „pharmakoi" sind draußen.

... und die Unzüchtigen, Mörder und Götzendiener

Die Unzüchtigen sind diejenigen, die in sexueller Unzucht leben. Ehebruch, Prostitution, Pornografie, Homosexualität und all solche Dinge dürfen bei Gott und Seinen Kindern nicht sein. Sie sind dem HERRN ein Gräuel. Ein Christ soll davor fliehen und sich davon rein halten. Er kann und soll sich durch das Blut Jesu Christi reinwaschen lassen, wenn er in solche Sünden gefallen ist. Der HERR kann ihm bei ernsthafter Reue und Buße Vergebung, Veränderung und Heilung schenken.

Ebenso gibt es auch für Mörder, die Menschen getötet haben, die Möglichkeit zur Umkehr, zur Buße. Aber sie müssen wirklich von Herzen Buße tun. Doch den oder die Menschen, die sie getötet haben, machen sie dadurch nicht wieder lebendig. Die Sünde hat Folgen. Sie zerstört das Leben, das eigene und das des anderen. Möge der HERR uns davor bewahren, dass wir in Situationen geraten, in denen wir zum Totschläger oder gar Mörder werden. Es gibt auch den Totschlag, bei dem die Auslöschung des Lebens unbeabsichtigt geschieht. Auch so etwas belastet das Gewissen, auch wenn es nicht Absicht war.

Doch wenn jemand Buße tut, wird der HERR ihn davon reinwaschen: 1. Korinther 6,11: **Und solche sind etliche von euch gewesen; aber ihr seid abgewaschen, ihr seid geheiligt, ihr seid gerechtfertigt worden in dem Namen unsres Herrn Jesus Christus und in dem Geist unsres Gottes!**

Auch vom Götzendienst kann man umkehren. Götzendienst ist ein weites Feld. Der größte Götze ist das eigene Ich: die Tatsache, dass man nicht Gott auf dem Thron des Herzens sitzen hat, sondern das Ich. Aber es existieren auch Okkultismus, heidnische Religionen, Glücksfiguren und alles Mögliche, was zum Götzen werden kann. Diejenigen, die ihre Götzen nicht vernichten, die nicht Buße darüber tun, die nicht den Thron ihres Herzens räumen und den HERRN Jesus darauf sitzen lassen, kommen nicht ins Reich Gottes.

... und die Lügner

Die Lüge ist sicherlich das, woran wir am meisten schuldig werden. Hier heißt es ausdrücklich: **„jeder, der die Lüge liebt und tut"**. Ich verstehe das so, dass damit die bewusste und sogar gewohnheitsmäßige Lüge gemeint ist, und nicht - was leider immer wieder vorkommen kann - , dass jemand gelegentlich unwissentlich die Unwahrheit sagt, weil er es nicht besser weiß. Es existieren ja manchmal Grenzfälle, z.B. wenn man behauptet: „Morgen wird das Wetter schön", aber dann stimmt es doch nicht, weil die „Wetterfrösche" (Meteorologen) sich geirrt haben. Das ist ein banales Beispiel. So etwas würde ich nicht als Lüge ansehen, sondern lediglich als Irrtum. Aber in unserer biblischen Warnung ist gemeint, dass jemand bewusst in der Lüge lebt, sich und den anderen etwas vormacht und absichtlich mit Unwahrhaftigkeit umgeht. Solch einem Menschen kann man nicht mehr vertrauen. Solche Menschen haben auch keinen Zugang zum Reich Gottes, wenn sie nicht Buße tun. Die größte Lüge ist ja die Lebenslüge, dass man sich vor Gott davonstehlen möchte. Aber solch ein Mensch wird nicht ins Reich gelangen, der vor Gott in seiner Lebenslüge davonzulaufen versucht.

Der Spross Davids, der leuchtende Morgenstern

Und jetzt spricht der HERR selbst: Offenbarung 22,16: **Ich, Jesus, habe Meinen Engel gesandt, um euch diese Dinge für die Gemeinden zu bezeugen. Ich bin die Wurzel und der Spross Davids, der leuchtende Morgenstern.**

Die Erwähnung der Gemeinden ist noch einmal ein Anklang an die sieben Sendschreiben aus Kapitel 2 und 3. Diese Gemeinden gibt es heute alle noch in verschiedenen Formen: Lauheit, Erweckung, Leiden für den Herrn, erste Liebe, die wieder neu wachsen muss, usw. Dies sind ja für uns heute ganz wichtige Themen, die nicht nur kirchengeschichtlich einzuordnen sind, wie manche es tun. Sie sind allezeit gültig (vergleiche das Buch „Die sieben Sendschreiben" in dieser Reihe).

Jesus ist die Wurzel und der Spross Davids. Jesaja 11,1–2: **Es wird ein Zweig hervorgehen aus dem Stumpf Isais und ein Schössling hervorbrechen aus seinen Wurzeln; und auf Ihm wird ruhen der Geist des HERRN, der Geist der Weisheit und des Verstandes, der Geist des Rats und der Kraft, der Geist der Erkenntnis und der Furcht des HERRN.**

Dies ist der HERR Jesus, der prophetisch vorausgesagt ist beim Propheten Jesaja. ER ist ein Zweig aus dem Stumpf Isais, das heißt ein Nachkomme des Königs Davids. Aber auf Ihm wird dieser Geist Gottes in Vollkommenheit ruhen. Bei der Taufe am Jordan wurde es offensichtlich in Gestalt der Taube, als der Geist Gottes, des Vaters, auf den Sohn herabkam und bezeugt wurde: **„Dies ist Mein geliebter Sohn, an dem ich Wohlgefallen habe"** (Matthäus 3,17). Ähnlich heißt es dann auch später bei der Verklärung (Matthäus 17,5).

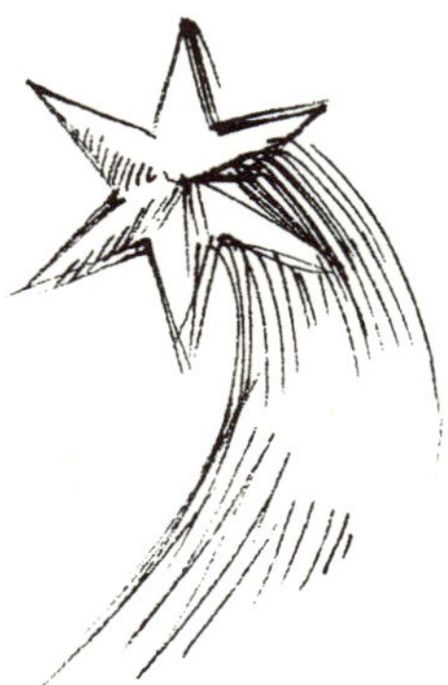

Jesaja 11,10: **Und es wird geschehen an jenem Tag, da werden die Heidenvölker fragen**

nach dem Wurzelspross Isais, der als Banner für die Völker dasteht; und Seine Ruhestätte wird Herrlichkeit sein.

Der HERR Jesus ist der Spross Isais. Er geht also hervor aus dem Königsgeschlecht Davids, aber Er ist auch die Wurzel, weil Er von Ewigkeit her schon im Schoß des Vaters ist. **„Ehe Abraham ward, bin ich"**, sagt der HERR Jesus im Johannesevangelium (Johannes 8,58). Er ist von Ewigkeit. Er ist schon lange, bevor ein David, ein Abraham oder auch ein Adam war. Ist uns das bewusst? Er ist das A und das O, der Anfang und das Ende. Und Er ist auch Davids Herr, obwohl Er heilsgeschichtlich nach ihm auf Erden aufgetreten ist. Dies wird ganz klar in Matthäus 22,41-46 beschrieben:

Als nun die Pharisäer versammelt waren, fragte sie Jesus und sprach: „Was dünkt euch von Christus? Wessen Sohn ist Er?" Sie sagten zu Ihm: „Davids." Er spricht zu ihnen: „Wie nennt Ihn denn David im Geiste ‚Herr', da er spricht: ‚Der Herr hat zu meinem Herrn gesagt: Setze dich zu Meiner Rechten, bis ich deine Feinde hinlege als Schemel deiner Füße'? Wenn also David Ihn HERR nennt, wie ist Er denn sein Sohn?" Und niemand konnte Ihm ein Wort antworten. Auch unterstand sich von jenem Tage an niemand mehr, Ihn zu fragen.

Jesus ist auch der leuchtende Morgenstern, Er, der die neue Welt des Vaters, des Sohnes und des Heiligen Geistes ankündigt. Dieser Morgenstern geht auf und zeigt an, dass das Neue beginnt. **„Das Alte ist vergangen. Siehe, es ist neu geworden"** (2. Korinther 5,17) - und zwar nicht mehr von Sünde getrübt, sondern in der glänzenden Lichtherrlichkeit Gottes erstrahlend.

Der Geist und die Braut sprechen: Komm!

Und nun kommt der bekannte und gewaltige Schluss, die Einladung an alle, die dieses Gnadengeschenk, das wir umsonst - „dorean", geschenkweise - erhalten haben, noch nicht angenommen haben.

Offenbarung 22,17: **Und der Geist und die Braut sprechen: ‚Komm!' Und wer es hört, der spreche: ‚Komm!' Und wen da**

dürstet, der komme; und wer da will, der nehme das Wasser des Lebens umsonst.

Die Menschen werden noch einmal ganz gezielt mit einem mehrfachen „Komm!" eingeladen. Dieses „Komm" richtet sich zum einen an den HERRN, dass Er bald kommen soll. Aber gleichzeitig sprechen der Heilige Geist und die Braut, nämlich die Gemeinde, zu denen, die auf Erden sind: „Komm!" „Komm zu dem HERRN, der bald kommt, damit du bereit bist für Ihn, damit du gerettet wirst und nicht in die Verdammnis musst." **„Der Geist und die Braut sprechen: ‚Komm!'"** - also der Heilige Geist und die Gemeinde, die Braut. Bist du schon zum HERRN Jesus gekommen?

Wer es hört, der spreche „Komm!". Das heißt, wer es gehört hat, soll es auch dem anderen weitersagen, damit dieser es auch hört. **„Gehet hin und macht zu Jüngern alle Völker!"**(M atthäus 28,19f.). „Jeder Christ ein Missionar - jeder Nichtchrist ein Missionsfeld", so habe ich es einmal in einem Missionswerk gelesen. Das stimmt. Es stimmt aber nicht, wenn man von einer Gemeinde hinaus geht und es steht über der Tür „Jetzt beginnt das Missionsfeld". Denn das Missionsfeld beginnt auch schon im Inneren der Gemeinden. Dort sind in der Regel nicht alle wirklich gläubig. Aber jeder ist eingeladen zu kommen, um gläubig zu werden und dieses Gnadengeschenk anzunehmen.

Nimm das Wasser des Lebens umsonst!

„Wen da dürstet", wer sieht: „Ich brauche Erlösung, ich brauche Vergebung meiner Schuld. Ich kann mich nicht selbst aus dem Sumpf ziehen", **der komme; „und wer da will, der nehme das Wasser des Lebens umsonst."** Hier sehen wir, dass eine Willensentscheidung gefordert ist. Gott zieht, Gott lädt uns ein, sogar unter Tränen. Ja, der HERR Jesus weint um das verlorene Jerusalem. Sie sind wie Schafe ohne Hirten. Aber es ist auch eine Entscheidung. Es heißt nicht nur **„Gott versöhnte in Christus die Welt mit sich selbst"**, sondern auch **„Lasset euch versöhnen mit Gott"** (2. Korinther 5). Das eine geht nicht ohne das andere. Es gibt keine automatische Versöhnung gegen unsere Entscheidung. Sondern das **„Lasset euch"** ist ein Aufruf an unseren Willen: „Nehmt dieses Gnadengeschenk an!"

Wir dürfen diese Worte nicht umdeuten und in Lehrsysteme einfügen, sondern wir müssen uns immer wieder durch den Zusammenhang des Wortes Gottes korrigieren lassen. Manche sagen ja, der Mensch habe keinen freien Willen. Sicherlich, das wird oft verwechselt: Der HERR Jesus hat das Heil für uns geschaffen. Da können wir nichts hinzutun, das ist zu 100 % Gnade. Auch bei der Annahme des Heils bevollmächtigt uns der Heilige Geist bzw. Gott durch Sein Wirken (vgl. Philipper 2,13). Aber wir dürfen darum bitten (für andere oder auch für uns selber): „HERR, schenk mir diesen Glauben!"

„Wer da will, der nehme das Wasser des Lebens umsonst" steht hier. Wir haben also eine Willensentscheidung zu treffen, aber der Geist Gottes zieht uns. Was unsere menschliche Seite betrifft, sind wir dazu aufgerufen, diese Entscheidung zu treffen, auch wenn der Geist Gottes uns zieht. Das ist Sein Wirken; doch unser Wirken ist es, das Gnadengeschenk anzunehmen, das zu 100 % am Kreuz auf Golgatha für uns vollbracht ist.

Eine letzte Warnung

Offenbarung 22,18–19: **Fürwahr, Ich bezeuge jedem, der die Worte der Weissagung dieses Buches hört: Wenn jemand etwas zu diesen Dingen hinzufügt, so wird Gott ihm die Plagen zufügen, von denen in diesem Buche geschrieben steht; und wenn jemand etwas wegnimmt von den Worten des Buchs dieser Weissagung, so wird Gott wegnehmen seinen Teil vom Buch des Lebens und von der heiligen Stadt, von den Dingen, die in diesem Buche geschrieben stehen.**

Wer etwas zum Buch der Offenbarung hinzufügt, dem werden Plagen hinzugefügt werden, wie sie in diesem Buch geschrieben stehen. Und wenn jemand etwas wegnimmt, dem wird sein Anteil am Buch des Lebens oder auch am Baum des Lebens und an der heiligen Stadt hinweggenommen, von den Dingen, die in diesem Buch geschrieben stehen. Das heißt nicht, dass er ganz in die Verdammnis kommt, aber ich sage es jetzt einmal so: Wenn jemand nur die Hälfte der Offenbarung für sich ernst nimmt oder sie so umdeutet, dass kein Stein auf dem anderen bleibt, der wird Einbußen haben bei dem Lohn, den die Knechte bekommen. Ihm wird nicht der völlige Lohn zuteil werden. Das ist eine ernste Warnung, dass wir nichts umdeuten und nichts am Wort Gottes verändern.

Amen

Offenbarung 22,20: **Es spricht, der dies bezeugt: „Ja, ich komme bald! Amen, ja komm, Herr Jesus!"**

Wir beten: *Ja, komm, Herr Jesus! Wir warten auf Dich. Wir sehnen uns nach Dir. Wir wollen dabei sein, wenn Du uns zu Dir nimmst, damit wir nicht draußen sind, wo die Hunde, die Zauberer und die übrigen Verlorenen sind, sondern in Deiner Herrlichkeit. Amen.*

Und die Gnade unseres HERRN Jesus Christus sei mit euch allen! Amen.

Zusammenfassung und Schluss: Wie wird es im Himmel sein?

Wie wird es im Himmel sein? Können wir etwas darüber sagen? In aller Demut und Vorfreude habe ich einige Kennzeichen der himmlischen Herrlichkeit zusammengestellt:

- Das Ziel lautet, dass wir Gott schauen, Ihn lieben und Ihm dienen dürfen (Offb. 4f.; 7,15; 22,4).
- Als Lohn erwartet uns ewige Seligkeit, Freude und Friede (1. Petr. 1,9; Offb. 7,16f.).
- Der Weg zum Himmel führt allein über Jesus Christus, der für uns starb am Kreuz auf Golgatha (Joh. 14,6; Apg. 4,12; 1. Kor. 3,11).
- Als Vorbereitung sollen wir trachten nach dem Reich Gottes und seiner Gerechtigkeit; dann wird uns alles andere aus Gnaden zufallen (Mt. 6,33).
- Im Himmel wartet auf uns ein Erbe, das nicht vergeht (1. Petr. 1,4).
- Wir werden Gott mit allen Engeln loben (Offb. 4f.).
- Wir werden einen neuen himmlischen Körper bekommen, der unverweslich, rein und voller Kraft ist (1. Kor. 15,35ff.).
- Wir werden reingewaschen sein durch das Blut Jesu Christi, des für uns geopferten Lammes, und weiße Kleider tragen (Offb. 7,14).
- Hölle, Tod und Teufel können uns nicht mehr anfechten, auch nicht Krankheit und Leid, Hunger und Durst u.ä. (1. Kor. 15,55–57; Offb. 21,1ff.).
- Der Himmel ist ein heiliger Ort, in den nichts Unreines hinein kann (Offb.21f.).
- Feige Verleugner, Ungläubige, Frevler, Mörder, Unzüchtige, Okkultisten, Götzendiener, Lügner und alle anderen Sünder werden keinen Platz im Himmel haben - es sei denn, sie sind zu Jesus Christus umgekehrt und haben für ihre Schandtaten Buße getan (Offb. 21,8).
- Für Gläubige aber gilt: Wir werden Könige und Priester Gottes sein (Offb. 5,10).

- Wir werden Menschen aus allen Stämmen, Völkern, Sprachen und Nationen vor dem Thron Gottes treffen (Offb. 7,8).
- Es wird für die Überwinder verschiedene Kronen geben: die Krone des Lebens für erduldete Versuchung (Jak. 1,12), die Krone der Freude für Seelengewinner (1. Thess. 2,9), die Krone der Gerechtigkeit für alle, die im Warten auf den HERRN standhaft geblieben sind (2. Tim. 4,8) und die Krone der Treue für alle Blutzeugen Jesu Christi (Offb. 2,10).
- Das neue Jerusalem, die Stadt aus dem Himmel, wird eine Schönheit und Reinheit besitzen, die mit menschlichen Worten nur angedeutet werden kann: reines Gold, Edelsteine, Perlentore, vollkommene Maße, Gott selbst ist ihr Licht (Offb. 21f.).

Treffend sagte der bekannte Erweckungsprediger Charles Haddon Spurgeon über die himmlische Herrlichkeit: „Die Straßen aus Gold werden uns wenig beeindrucken und die Harfenklänge der Engel werden uns nur wenig erfreuen im Vergleich zu dem König in der Mitte des Thrones. Er ist es, der unsere Blicke und Gedanken an sich ziehen wird, der unsere Liebe entfachen und all unsere geheiligten Gefühle auf ein Höchstmaß unaufhörlicher Anbetung bringen wird. Wir werden Jesus sehen."

Und Newton spricht von drei Wundern, wovon eines das größte ist: „Wenn ich in den Himmel komme, werde ich drei Wunder sehen: Das erste Wunder wird sein, viele Menschen zu sehen, die ich dort nicht erwartet habe. Das zweite Wunder wird sein, dass ich viele Menschen dort nicht sehen werde, von denen ich dachte, dass sie dort sein werden. Und das dritte und größte Wunder wird sein, dass ich selbst dort sein werde."

ICH WERDE DORT SEIN ALLEIN AUS GNADEN – ERLÖST DURCH DAS BLUT DES LAMMES.

Wir beten: *Lieber Herr Jesus Christus, wir danken Dir, dass Du uns erkauft hast mit Deinem teuren Blut am Kreuz auf Golgatha und wir danken Dir, dass dies das größte Wunder ist, wenn wir einmal bei Dir sein werden am Thron des Vaters und des Lammes. Bitte schenke, Herr, dass viele es annehmen können im Glauben. Trage uns hindurch bis an unser Ende, dass wir Dir treu bleiben auch in antichristlicher Bedrängnis. Segne uns und lass uns Dir immer ähnlicher werden, dass wir Dir dienen dürfen bis zur Vollendung in der ewigen himmlischen Herrlichkeit. Amen.*

Reihe Offenbarung im Samenkorn-Verlag

Verfasser: Dr. Lothar Gassmann

Band 1: Die sieben Sendschreiben. Was der Geist den Gemeinden sagt (Offenbarung 1–3)

Band 2: Die sieben Siegel. Ouvertüre zum Finale (Offenbarung 4–7)

Band 3: Die sieben Posaunen und die zwei Zeugen Gottes (Offenbarung 8–11)

Band 4: Der Antichrist und sein falscher Prophet (Offenbarung 12–13)

Band 5: Die Hure Babylon und die Schalen des Zorns (Offenbarung 14–18)

Band 6: Das Tausendjährige Reich. Jesus Christus herrscht als Sieger (Offenbarung 19–20)

Band 7: Die himmlische Herrlichkeit und die Vollendung der Gläubigen (Offenbarung 21–22)

Lothar Gassmann

Die sieben Sendschreiben
Was der Geist
den Gemeinden sagt

Die sieben Sendschreiben sind das Vermächtnis Jesu Christi an Seine Gemeinde. Ihr Inhalt ist hochaktuell: Rückkehr zur ersten Liebe, Warnung vor Verführung, Aufwachen aus geistlichem Tod und Lauheit, Treue zum Herrn. Ein aufrüttelnder Bußruf, ausgelegt für unsere Zeit!

ISBN 978-3-936894-79-0

Lothar Gassmann

Die sieben Siegel
Ouvertüre zum Finale

Nur das Lamm ist würdig, das Buch mit den sieben Siegeln zu öffnen. Damit beginnt das Finale der Weltgeschichte. Doch inmitten der Gerichte und Katastrophen halten die 144.000 Versiegelten aus Israel und die große Schar aus den Nationen Jesus die Treue.

ISBN 978-3-936894-80-6

Lothar Gassmann

Die sieben Posaunen
und die zwei Zeugen Gottes

Hagel und Feuer, mit Blut vermischt, fallen auf die Erde. Kosmische Katastrophen und das Loslassen dämonischer Mächte kennzeichnen die sieben Gerichtsposaunen Gottes. Doch am Höhepunkt der Trübsalszeit treten zwei gewaltige Zeugen auf. Das Geheimnis der Gemeinde, die Entrückung, wird vollendet.

ISBN 978-3-936894-81-7

Lothar Gassmann

Der Antichrist
und sein falscher Prophet

Satan, der Drache, ist wütend, weil er weiß, dass er wenig Zeit hat, um am Ende der Weltgeschichte noch viele zu verderben. Er sendet den Antichristen und seinen falschen Propheten auf die Erde, um sein ökumenisches Einheitsreich zu errichten. Doch die Tage der dämonischen Mächte sind gezählt …

ISBN 978-3-936894-82-0